Daniela Koch

Burnout-Syndrom Was tun, wenn die Zündschnur nicht mehr brennt?

Daniela Koch

Burnout-Syndrom Was tun, wenn die Zündschnur nicht mehr brennt?

wie ein ganzheitlich therapeutischer Ansatz dabei unterstützen kann neue Energie zu gewinnen

Trainerverlag

Imprint

Cover image: www.ingimage.com

Publisher:
Der Trainerverlag
is a trademark of
International Book Market Service Ltd., member of OmniScriptum Publishing Group
17 Meldrum Street, Beau Bassin 71504, Mauritius

Printed at: see last page
ISBN: 978-620-2-49441-0

INHALTSVERZEICHNIS

1. Einführung

Wenn es um das Thema der „psychischen Erkrankungen“ und deren Entstigmatisierung in unserer Gesellschaft geht, ist es leider, bei uns im deutschsprachigen Raum, noch immer ein Tabu offen dazu zu stehen, wenn man daran erkrankt ist. Ebenso wird der Gang zum/zur Psychiater/Psychiaterin, zum/zur Psychologen/Psychologin und zum/zur Psychotherapeuten/Psychotherapeutin, wenn überhaupt, nur im engsten Bereich von vertrauten Personen erwähnt und da auch oft nur hinter vorgehaltener Hand.

Es gibt viele gesundheitliche Vereine und Institutionen die Öffentlichkeitsarbeit betreiben, mit dem Ziel die Gesellschaft über das Entstehen, die Symptomatik, dem Verlauf und den belastenden seelischen und körperlichen Folgen von psychischen Erkrankungen aufzuklären und zu informieren. Dabei geht es um die Hoffnung auf mehr Toleranz und Rücksichtnahme in unserem menschlichen Miteinander, um Verständnis für die Betroffenen und deren Angehörigen und vor allem geht es um die Ermöglichung eines gleichwertigen Platzes in einer Gemeinschaft, die nicht von Vorurteilen geprägt ist.

Der Kampf um Akzeptanz „anders“ sein zu dürfen, wenn die Seele leidet, betrifft jedoch nicht nur Menschen mit psychischen und psychiatrischen Diagnosen. Auch hochsensible Persönlichkeiten und sehr empfindsame Menschen werden oft in ihrem „Sosein“ missverstanden und ausgegrenzt. Diese Inakzeptanz des Umfeldes macht sich dann durch Verhaltensweisen, wie etwa systematischen Ausschluss aus einer Gemeinschaft, direkte und subtile Angriffe auf das seelische und körperliche Wohlbefinden, kurz durch „Mobbing“ bemerkbar.

Der permanente Leidensdruck und die empfundene Ausweg- und Hilflosigkeit der Betroffenen in der belastenden Situation, wie zum Beispiel in der Schule, im Beruf oder auch im Wohn- und Lebensumfeld, kann schlussendlich auch oft zum Entstehen von psychischen Erkrankungen, wie etwa Depressionen, Angststörungen, Kontroll- und Suchtverhalten beitragen.

Dort beginnt, verläuft kontinuierlich oder schließt sich auch der grausame Teufelskreis um das Thema der „psychischen Erkrankungen“ und Aussagen von intoleranten Menschen, wie zum Beispiel, *„Wusst´ ich´s doch, er/sie war ja schon immer ein schwieriger Mensch!“,* erscheinen fälschlicherweise für einige in der Gesellschaft zur Stigmatisierung und Ausgrenzung als gerechtfertigt. Ist es doch das ärmliche Zeugnis manch einer beschränkten Sichtweise und Inkompetenz derjenigen, mit für sie „schwierigen Menschen“ genauso wertschätzend umzugehen und sie in ihren individuellen Persönlichkeiten, Lebensgeschichten, Verhaltens- und Erlebensweisen zu akzeptieren und anzunehmen.

Widersprüchlich scheint all dies in einem Zeitalter zu sein, wo einerseits die „EIGENE INDIVIDUALITÄT“ und „ENTFALTUNG DER PERSÖNLICHKEIT“ „groß“ geschrieben wird, Grenzenlosigkeit und die private Freizügigkeit, in sozialen Netzwerken, wie Facebook, Twitter, WhatsApp und co. immer mehr zunimmt, aber andererseits, zum Beispiel im Berufsleben, die ständige Erreich- und Kontrollierbarkeit des/der Einzelnen dessen/deren Entfaltungsspielraum radikal eingrenzt. Der „gläserne Mensch“ ist geboren und trotz sozialer Netzwerke sind die Menschen zunehmend vereinsamt und isoliert und haben das Gefühl, sich von sich selbst zu entfremden und den steigenden privaten, beruflichen und sozialen Erwartungen an ein wertschätzendes und akzeptiertes Miteinander nicht mehr gewachsen zu sein.

Dieser permanente Druck führt zur Überlastung und Überforderung manch eines/einer Betroffenen, und dessen/deren individuelles sensibles Nervenkostüm gipfelt sich in einem Berg aus krankheitswertigen Symptomen, wie zum Beispiel Schlafstörungen, ständige innere Anspannung und Unruhe, psychovegetative Begleiterscheinungen, wie chronische Kopf-, Rücken- und Magenschmerzen oder vermehrtes Schwitzen.

Diese Symptome können bei einigen verschiedenen psychisch und körperlich diagnostizierten Erkrankungen auftreten und es fällt sogar den Fachleuten schwer, sie gegeneinander abzugrenzen und den entsprechend ausgeprägten Krankheitsbildern zuzuordnen. Es hat den Anschein, dass unsere Gesellschaft zunehmend an einem langsam schleichenden „Virus" erkrankt ist. Einer, der sich mit der notwendigen Dosis Stress in die Seele einnistet und sich in einem psychischen und körperlichen Symptombildkomplex bemerkbar macht, dem „Burnout-Syndrom"!

2. „Burnout-Syndrom“ - wie man „Ausgebrannt sein“ definiert

Um in der psychiatrischen und psychologischen Praxis Aussagen über das Vorhandensein eines klinisch ausgeprägte Krankheitsbildes machen zu können und bestimmte Symptome psychischen Störungen zuzuordnen, dienen dem/der Fachmann/Fachfrau zwei anerkannte diagnostische Klassifikationssysteme als wichtige Nachschlagewerke.

Das von der American Psychiatric Association (APA) entwickelte DSM-IV („Diagnostical an Statistical Manual of Mental Disorders“) wurde lange Zeit zur Erfassung von Symptomen psychischer Störungen verwendet und seit Mai 2013 durch eine neue Version, dem DSM-5, erweitert bzw. ersetzt. Ebenso wurde die, von der Weltgesundheitsorganisation (WHO) überarbeitete, ICD-10 („International Statistical Classification of Diseases and Related Health Problems“) im Mai 2019 von der Weltgesundheitsversammlung (World Health Assembly, WHA) durch die neue ICD-11 ersetzt und verabschiedet.

Die amtliche Diagnoseklassifikation soll ab 1. Jänner 2022 in Kraft treten, aber es können bislang jedoch noch keine genauen Aussagen darüber getätigt werden, wann die Einführung in Deutschland stattfinden soll.

Durch die steigende Zunahme in den letzten Jahren von Menschen, die unter einer Erschöpfungssymptomatik beziehungsweise einem „Burnout-Syndrom“ leiden, ist bis zum heutigen Tag eine heiße und kontroverse, öffentliche Diskussion rund um das Thema „Burnout“ entstanden und die Ansichten und Meinungen in Wissenschaft und Gesellschaft klaffen auseinander.

So ist das „Burnout-Syndrom“ für die Einen nur ein Mythos und eine Modediagnose, die von vielen nur als Vorwand „krank“ zu sein benützt wird, und für die Anderen ist es eine ernst zunehmende Erkrankung, dessen Leidensdruck sich in den vermehrten Krankheitsständen in der Arbeitswelt bemerkbar macht.

Das „Burnout-Syndrom“ ist trotz fortschreitender Zunahme in unserer Gesellschaft einer der unschärfsten Begriffe in der psychiatrischen Praxis und stellt nach dem Diagnoseschemata, dem neuen DSM-5 jedoch keine ärztliche Diagnose dar. Jedoch wurde das „Burnout-Syndrom“ im neuen ICD-11 als Begriff aufgenommen, mit der Definition, als ein *Gefühl des Ausgebranntseins, durch chronischen Stress am Arbeitsplatz, der unter anderem zu einer negativen Einstellung zum Job und geringerer Leistungskraft führen könne.* Es wird somit als ein Faktor eingestuft, der eine Beeinträchtigung der Gesundheit zur Folge haben kann.

In der Vorgängerversion des ICD-10 wird das „Burnout-Syndrom“ lediglich am Rande, als *Z73.0 im Rahmen von Lebensbewältigungsproblemen (Z73) angeführt, unter Faktoren, die den Gesundheitszustand beeinflussen und zur Inanspruchnahme des Gesundheitssystems führt.*

Als Kardinal- bzw. Leitsymptom des „Burnout-Syndroms“ gilt die „Erschöpfung“, als Reaktion auf eine länger andauernde Belastung am Arbeitsplatz, und das klinische Erscheinungsbild wird stakt von den jeweiligen Ursachen und den Lebensumständen des/der Einzelnen geprägt.

Im Klinischen Wörterbuch Pschyrembel (2013, 332) wird das *„Burnout-Syndrom" als ein Zustand beschrieben, der mit emotionaler Erschöpfung und mit dem Gefühl von Überforderung, reduzierter Leistungszufriedenheit und eventuell Depersonalisation (Gefühl der Entfremdung), infolge einer Diskrepanz zwischen Erwartungen und Realität einhergeht, als ein Endzustand eines Prozesses von idealistischer Begeisterung über Desillusionierung, Frustration und Apathie (Fühllosigkeit).*

Der Psychologe Prof. Matthias Burisch, der sich seit den 1990er-Jahren intensiv mit der Thematik des „Ausbrennens" beschäftigt und einer der führenden Burnout-Experten in Deutschland ist, versteht das *„Burnout-Syndrom" nicht als eine Krankheit mit eindeutigen diagnostischen Kriterien, sondern bezeichnet es als eine körperliche, emotionale und geistige Erschöpfung aufgrund beruflicher Überlastung, die meist durch Stress ausgelöst wird, der nicht mehr bewältigt werden kann* (Drees und Stüllenberg 2013, 10f.).

Ebenso bezeichnet Prim. Univ.-Prof. DDR. Michael Lehofer von der Landesnervenklinik Sigmund Freud in Graz, das *„Burn-out" als einen Komplex aus körperlichen, emotionalen, kognitiven sowie verhaltensorientierten Symptomen, die stets als Reaktion auf chronische psychische und/oder physische Stressoren zu verstehen sind* (innenwelt spezial 2012, 32ff.). Auch wenn in der psychiatrischen Praxis zwar keine eindeutige Definition besteht, die das „Burnout-Syndrom" als anerkannte Erkrankung in die diagnostischen Klassifikationssysteme aufnimmt, wäre es jedoch aufgrund den persönlichen Leidenszuständen der Betroffenen fatal, es als „Modediagnose" oder „Statussymbol", in unserer von Leistung geprägten Gesellschaft, abzutun.

Der ärztliche Direktor am Anton-Proksch-Institut in Wien Prim. Univ.-Prof. Dr. Michael Musalek und der Leiter des Gesundheitszentrums „The Tree“ und des Beratungsinstituts „Medical Coaching“ Univ.-Prof. Dr. Wolfgang Latouschek haben gemeinsam den Verein „BURN AUT – Österreichische Gesellschaft für Arbeitsqualität und Burnout“ gegründet.
Ziel ist es, sich als Kompetenzzentrum für das Thema „Burnout“ zu etablieren, und die mediale Aufmerksamkeit verstärkt auf die Bedeutung der Erkrankung und einen seriösen Umgang damit zu lenken.

„Wir müssen Burnout endlich erst nehmen und nicht als „Modeerkrankung“ herunterspielen, denn für die Betroffenen bedeutet die Krankheit einen massiven Leidensdruck, der unbedingt professionelle, multimodale und interdisziplinäre Therapieansätze erfordert.“ (Musalek 2012, 10 f.).

Da Burnout als das Resultat eines Prozesses zu verstehen ist, der zu dem Hauptmerkmal der Erkrankung, der „chronischen Erschöpfung“ führt und es dazu zahlreiche Symptome, Theorien und Erklärungsmodelle zur Entstehung gibt, ist es äußerst schwierig das „Burnout-Syndrom“ von Krankheitsbildern, wie etwa, laut Vorgängerversion ICD-10, einer Depressiven Episode (F32) oder einer Anpassungsstörung (F43.2) abzugrenzen.

Deshalb ist es wichtig neben der Beschäftigung mit der Arbeit, der Arbeitsqualität und den Arbeitsbedingungen, die individuellen Lebensumstände der Betroffenen zu hinterfragen, denn oftmals versteckt sich hinter dem Deckmantel der Leistungs- und Erfolgskrankheit in der Arbeitswelt, eine klassische Erschöpfungsdepression, die jeden/jede, auch unabhängig ob berufstätig oder nicht, treffen kann.

In einer Studie welche die Überlappung zwischen einem „Burnout-Syndrom“ und einer depressiven Erkrankung analysierte, konnte eine eindeutig klare Beziehung zwischen beiden Krankheitsbildern festgestellt werden. Das bedeutet, dass das Risiko eine Depression zu bekommen größer ist, wenn gleichzeitig eine schwere „Burnout-Symptomatik“ vorliegt. Ebenso konnte dies für Angststörungen herausgefunden werden, die häufig mit einem „Burnout“ einhergehen.

3. Anzeichen und Symptome - woran man „Ausbrennen" erkennt

So schwierig es ist eine eindeutige Definition für das „Burnout-Syndrom" zu finden, so herausfordernd ist es ebenso die unzähligen körperlichen und seelisch-geistigen Symptome der Erkrankung zuzuordnen, denn Forscher haben bis zu 130 verschiedene Anzeichen gefunden.

Es gibt jedoch darunter typische Burnout Symptome, die einen Hinweis auf die Erkrankung geben können (innenwelt 2012, 10f.):

- **Emotionale Erschöpfung**
  - Müdigkeit,
  - Schlaflosigkeit,
  - Krankheitsanfälligkeit,
  - diffuse körperliche Beschwerden.

- **Depersonalisation (Gefühl der Entfremdung)**
  - Negative, zynische Einstellung gegenüber KollegInnen, KundInnen, PatientInnen, Freunden und der Familie,
  - Schuldgefühle,
  - Rückzug,
  - Reduzierung und Vermeidung der Arbeit.

- **Verminderte Leistungsfähigkeit und Leistungsunzufriedenheit**
  - Gefühl der Erfolg- und Machtlosigkeit,
  - fehlende Anerkennung,
  - Minderwertigkeitsgefühle,
  - Überforderung,
  - vitale Instabilität,
  - Depression,

- Erregbarkeit,
- Gehemmtheit,
- Ängstlichkeit,
- Ruhelosigkeit.

Erste Anzeichen für „Burnout“ machen sich bei den Betroffenen durch Erschöpfung, Kraft- und Antriebslosigkeit, oftmals verbunden mit Schlafstörungen, wie Ein- und Durchschlafschwierigkeiten bemerkbar. Dem Gefühl „nicht abschalten zu können“ kann fortschreitend eine Sinnkrise in der beruflichen und privaten Situation folgen. Hinzu kommen Lustlosigkeit, Stimmungsschwankungen und Gereiztheit, mangelndes Interesse am Beruf oder am Aufgabenbereich, Konzentrationsprobleme und Motivationslosigkeit, mit der begleitenden Angst, den Anforderungen nicht mehr gewachsen zu sein.

Der Psychoanalytiker Rainer Gross leitet die Sozialpsychiatrische Abteilung des Landesklinikums Hollabrunn nördlich von Wien und schreibt in seinem Buch „Angst bei der Arbeit – Angst um die Arbeit“, wie der zentrale negative Gefühlszustand „Angst“ unser Leben bestimmt. Sie bezieht sich, im Gegensatz zu depressiven und traurigen Gefühlen, die eher auf die Vergangenheit ausgerichtet sind, immer auf die Zukunft und verschont uns mit ihrem Einfluss auch nicht im Beruf oder am Arbeitsplatz.

Existenzängste, wie zum Beispiel die Angst vor Arbeitsplatzverlust, vor Krankheit und Unfall oder die Angst überflüssig zu sein, soziale Ängste im zwischenmenschlichen Bereich mit KollegInnen und Vorgesetzten, wie etwa die Angst vor mangelnder Wertschätzung und Anerkennung oder Ausschluss aus der Gemeinschaft sowie Leistungs- und Versagensängste, wie Angst vor Überforderung oder die Angst Fehler zu machen, treiben so manchen/manche Betroffenen/Betroffene in unserer Arbeitswelt, in das Gefühl der chronischen Erschöpfung (Gross 2015, 45 ff.).

Die Angst davor „es irgendwann einmal nicht mehr zu schaffen“ und die psychischen und körperlich spürbaren Folgen des „Burnouts“ brachte der österreichische Sozialexperte Martin Schenk mit seiner Aussage auf den Punkt: *„Burnout ist die Erzählung davon, wie wir zusammenbrechen dürfen, ohne uns dafür schämen zu müssen“.*

Das „Burnout-Syndrom“ kann sich auch in einer Vielzahl von diffusen körperlichen Beschwerden bemerkbar machen, wie zum Beispiel Atembeschwerden, Magen-Darm-Probleme, wie Bauchschmerzen und Übelkeit, Kopf- und Rückenschmerzen, Muskelverspannungen, Schwindel und Gleichgewichtsstörungen, Schlafstörungen, Tinnitus, sexuelle Unlust, erhöhte Anfälligkeit für Infekte, Herzprobleme mit Herzklopfen und Beklemmungsgefühlen, Blutdruckanstieg oder vermehrtes Schwitzen.

Die andauernde Belastung und der Zustand der körperlichen und seelischen Erschöpfung können auch in Folge zu ernsthaften körperlichen Erkrankungen führen, wie Herz-Kreislauf-Erkrankungen, wie Hypertonie (erhöhter Blutdruck), Magen-Darm-Erkrankungen sowie zu psychischen Krankheitsbildern, wie Angststörungen, Panikattacken und Depressionen.

Da sich ein „Burnout-Syndrom“ schleichend entwickelt, haben verschiedene Forscher versucht Phasenmodelle zu entwickeln, die das Syndrom in mehrere, meist aufeinanderfolgende Stadien unterteilen.

In dem Buch „Burnout – naturheilkundlich behandeln“ von Angela Drees und Reiner Stüllenberg (2013) wird das vom Psychologen Prof. Matthias Burisch im Jahr 1990 entwickelte Phasenmodell vorgestellt:

Die Phasen des Burnout-Syndroms:

➢ Phase 1 – Anfangsphase (Warnsymptome)

- Hyperaktivität,
- unbezahlte Mehrarbeit,
- Gefühl, keine Zeit zu haben,
- Verleugnung der eigenen Bedürfnisse,
- nicht abschalten können,
- unausgeschlafen sein.

➢ Phase 2 – reduziertes Engagement

- Verlust von Empathie (Einfühlungsvermögen),
- Kälte und Zynismus,
- Tagträume und Fluchtphantasien,
- Widerwillen und Überdruss gegen gewohnte Tätigkeiten,
- Gefühl, ausgebeutet zu werden,
- Konflikte.

➢ Phase 3 – emotionale Reaktionen, Schuldzuweisungen

- Schuldgefühle,
- Selbstmitleid,
- Bitterkeit,
- abrupte Stimmungsschwankungen,
- Gefühl der Hilflosigkeit,
- Pessimismus,
- Intoleranz,
- Schuldzuweisungen,
- reduzierte Selbstachtung.

➢ **Phase 4 – Abbau**

- Ungenauigkeit,
- Desorganisation,
- Entscheidungsunfähigkeit,
- verringerte Initiative,
- verringerte Flexibilität,
- Widerstand gegen Veränderung,
- Konzentrations- und Gedächtnisschwäche,
- Schwierigkeiten bei komplexen Arbeiten.

➢ **Phase 5 – Verflachung**

- verringerte emotionale Reaktionen,
- Gleichgültigkeit,
- Einsamkeit und Zurückgezogenheit,
- Desinteresse,
- Langeweile,
- Beschäftigung mit sich selbst.

➢ **Phase 6 – psychosomatische Reaktionen**

- Schlafstörungen,
- Albträume,
- Herzklopfen,
- Bluthochdruck,
- Atembeschwerden,
- erhöhter Konsum von Kaffee, Alkohol und Tabak,
- Gewichtszu- oder –abnahme,
- Kopfschmerzen.

➢ **Phase 7 – Verzweiflung**

- Hoffnungslosigkeit,
- Gefühl der Sinnlosigkeit,
- Selbstmordabsichten,
- existenzielle Verzweiflung.

Der amerikanische klinische Psychologe und Psychoanalytiker Herbert Freudenberger hat 1974 in einem Artikel den Begriff „Burnout" geprägt und erstmals in eigener Publikation verwendet. Er bezieht sich auf die Beobachtungen seiner eigenen Lebensgeschichte und konnte erkennen, dass bestimmte Berufsgruppen, wie etwa Menschen in helfenden, heilenden und pflegenden Berufsfeldern besonders gefährdet sind an einem „Burnout-Syndrom" zu erkranken.

Neueste Forschungen heben jedoch besonders hervor, dass auch andere Berufsgruppen, wie zum Beispiel LehrerInnen, ManagerInnen oder Menschen, die Schichtdienste verrichten müssen, aber auch Hausfrauen und erwerbstätige Mütter mit Mehrfachbelastungen „ausbrennen" können.

Herbert Freudenberger entwickelte zusammen mit seiner Kollegin Gail North ein „Burnout-Zyklus-Modell", indem sie die Entstehungsbedingungen und den Verlauf der Erkrankung identifizierten und diese in vier große Phasen mit insgesamt zwölf Stadien unterteilten:

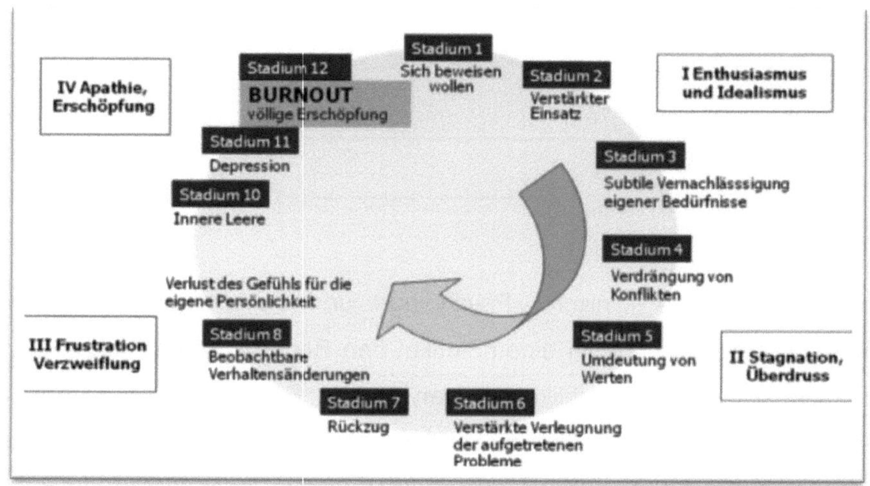

Abbildung 1: **„Der Burnout-Zyklus“**

Graphik nach Freudenberger und North (www.komunariko.at)

4. Mögliche Ursachen und Risiken - Das Zusammenspiel von belastend andauernden Stressoren

Obwohl es bislang keine epidemiologischen Daten dazu gibt wie viele Menschen in Österreich genau an einem „Burnout-Syndrom“ leiden, ist man sich in der Wissenschaft darüber einig, dass es einen prognostisch, steigenden Verlauf von psychischen Erkrankungen im Allgemeinen gibt. Das zeigen auch Schätzungen, wonach mindestens 400.000 Menschen aufgrund einer depressiven Symptomatik einer ärztlichen Behandlung bedürfen (Alpbach, 2010; ÖGAM, 2010).

Auch eine Untersuchung der Bundespsychotherapeutenkammer im Jahre 2012 in Deutschland konnte feststellen, dass die Krankheitstage durch „Burnout“ seit 2004 um fast 1400 Prozent gestiegen sind (Drees und Stüllenberg 2013, 9 ff.).

Die gesellschaftlichen Werte haben sich in den letzten Jahren radikal verändert. Die Arbeit dient für viele Menschen nicht mehr nur als „Brotjob“, sondern gewinnt zunehmend, als einen Ort an Bedeutung, um sich zu beweisen und Wertschätzung und Anerkennung für seinen Einsatz bekommen zu wollen. Darum ist so manch einer/eine bemüht, sich vermehrt für seine/ihre berufliche Tätigkeit einzusetzen und besonders viel Energie zu investieren.

4.1. beruflicher Stress - erhöhte Anforderungen und Erwartungen

Das klinische Wörterbuch „Pschyrembel" (2013) versteht unter „Stress" eine Belastung oder eine Spannung, die sich entweder auf verschiedene Stressoren (Stressfaktoren) bezieht, wie zum Beispiel eine Krankheit, ein Trauma, emotionale und/oder körperliche Belastungen oder auf die damit ausgelösten verschiedene Stressreaktionen.
Dabei unterscheidet die Psychologie in einen negativ empfundenen Stress, den *Distress,* der den Organismus in einen Zustand der Alarmbereitschaft und zu einer vermehrten Leistungsbereitschaft einstellt und in einen positiven Stress, den *Eustress,* der eine notwendig erlebte Aktivierung des Körpers darstellt.

Mögliche körperliche und seelische Reize, die Stress auslösen können, sind zum Beispiel Wärme, Kälte, Lärm, verschiedene Verletzungen und Krankheiten, Probleme in der Partnerschaft, instabile Freundschaften, Überforderung im Beruf mit erhöhten Erwartungen und Zeitdruck, ungenügend und nicht erholsamer Schlaf mit andauernder Müdigkeit, Verlust von bedeutsamen Menschen, durch Tod oder Trennung oder ständige Konflikte im sozialen Miteinander.

Entscheidend ob jemand einen Stressor, wie zum Beispiel ein neues berufliches Projekt zu entwickeln, vorwiegend als negative Belastung und Zusatzaufgabe oder es als eine Herausforderung sieht, sich mit Neuem zu beschäftigen und vielleicht an der Aufgabe wachsen zu können, ist abhängig von der Persönlichkeit des Menschen, seinen Glaubenssätzen und Einstellungen und der Bewertung der jeweiligen Situation.

In dem Artikel von Ingrid Glemp „Schöner Stress“, in der Fachzeitschrift „Psychologie Heute“, schreibt die Autorin, dass Stress auch eine wichtige Funktion für die Menschen einnehmen kann und dem Leben Sinn und Bedeutung gibt.

In einer deutschen Studie der Techniker Krankenkasse wurde herausgefunden, dass Personen, die Stress negativ bewerten, ihn verdrängen und ignorieren, stärker burnoutgefährdet waren und überdurchschnittlich oft an psychischen Beschwerden litten (Glomp 2015, 20 f.).

Ein „Burnout-Syndrom“ ist ein multikausales Geschehen, wobei mehrere Stressoren zusammentreffen und über die chronische Belastung, mit mangelnd ausreichenden Bewältigungsstrategien im Umgang damit und wenig Ausgleichs-, Erholungs- und Entspannungsmomente zur Stressverarbeitung, bei den Betroffenen zum Gefühl des „Ausbrennens“ beitragen.

Berufliche Anforderungen, wie Leistungsbereitschaft, Stressresistenz und Belastbarkeit, Flexibilität und überdurchschnittliches Engagement werden von vielen Betrieben groß geschrieben. Die Bereitschaft und Offenheit für Veränderungen, die zunehmende Erwartung an selbstverantwortlichem Handeln, mit gleichzeitiger verschärfter Kontrolle der MitarbeiterInnen, seitens der ArbeitgeberInnen, führen bei vielen Menschen über kurz oder lang zu chronischer Überforderung und Erschöpfung. Der steigende Druck und die vermehrte persönliche Anstrengung dem Job und dem Privatleben gerecht zu werden, und das Erleben von wenig Handlungsspielraum bei gleichzeitigem Ausbleiben von Lob und Erfolgsgefühlen, lässt viele nur noch schneller in ihrem Hamsterrad laufen.

Was anfangs vielleicht als Idealismus im Beruf begonnen hat, ändert sich nun zunehmend zu einem Funktionalismus, mit wenig Aussicht auf Anerkennung des Erreichten.

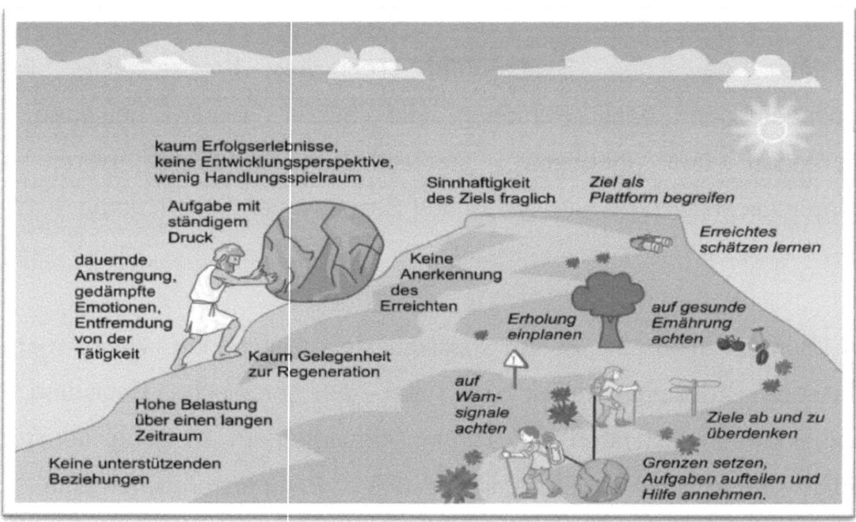

Abbildung 2: **„Burnout vorbeugen im Management - Zeitschrift für Organisationsentwicklung** (www.zoe-online.org)

4.2. persönlicher Stress - „Gibt es eine Burnout-Persönlichkeit?“

Hohe Ideale, großer Arbeitseinsatz, Ehrgeiz und perfektionistisches Streben, die Arbeit zu erledigen und dabei die ständige Angst Fehler zu machen, gepaart mit oftmals geringen Selbstwertgefühl und dem Wunsch, über den Job Wertschätzung und Anerkennung für die eigene Person zu bekommen, treiben viele Menschen in die „Stressspirale“.

Erste Anzeichen des langsamen chronischen „Ausbrennens“ können sich durch ständige innere Unruhe, muskuläre An- und Verspannungen und Schlafstörungen bemerkbar machen.
Die Warnsignale werden von den Betroffenen zunehmend ignoriert und manchmal versuchen sie, durch vermehrten Konsum von Koffein, Energy Drinks oder Alkohol, ihre Leistungsfähigkeit zu erhöhen, um weiterhin funktionieren zu können.

Menschen, die ständig versuchen den eigenen überhöhten Erwartungen gerecht zu werden, von der Vorstellung überzeugt sind, durch besonders intensiven Arbeits- und Leistungseinsatz im Job, Anerkennung und Lob zu bekommen, um ihr manchmal schwaches Selbstwertgefühl aufzubauen, dabei immer wieder über ihre eigenen Grenzen gehen oder diese nicht wahrnehmen, sind stark gefährdet an einem „Burnout-Syndrom“ zu erkranken. Viele erleben zudem wenig Feedback und mangelnde Wertschätzung ihrer beruflichen Tätigkeit und ihres Arbeitseinsatzes, und die Angst den unklaren Erwartungen der Kollegen/Kolleginnen und des/der Vorgesetzten nicht oder nur ungenügend zu erfüllen, zwingt viele sich im Beruf noch mehr beweisen zu wollen.

Ebenso können Menschen, die sich schwer abgrenzen und nicht „Nein" sagen können und den permanenten Anspruch an ihre eigene Person hegen, immer verfügbar und für andere da sein zu wollen und zu funktionieren, über kurz oder lang ein „Burnout" entwickeln. Dass dabei nicht immer nur die eigene Selbstlosigkeit im Zentrum des Tuns steht, sondern bewusst oder unbewusst vor allem auch der Wunsch, für ihre Familie, Freunde und beruflichen KollegInnen, wichtig und wertvoll sein zu wollen, müssen viele erst erkennen lernen.

In einem Artikel in der „Psychologie Heute" (Januar 2015, 16 ff.) wird die Geschichte einer Frau erzählt, die sich aufgrund der „Diagnose Burnout" in psychotherapeutische Behandlung begibt, mit der Erwartung an sich selbst, wieder „funktionieren" zu wollen. Behutsam führt sie ihre Therapeutin zu der Erkenntnis, dass gerade das „Funktionieren wollen" der Anfang des Weges in den Erschöpfungszustand mit Antriebslosigkeit und Niedergeschlagenheit darstellt.

Für diese Menschen ist es völlig normal und sogar äußerst wichtig für ihr Selbstwertgefühl, dass sie sich für ihre Mitmenschen „aufopfern".
In der Therapie geht es in erster Linie darum herauszufinden warum es für die Frau so wichtig war gut zu funktionieren. Sie muss lernen ihre eigenen Bedürfnisse wahrzunehmen, sich gut um sich selbst zu kümmern und einen wertschätzenden Umgang mit ihrer eigenen Person zu entwickeln.

4.3. sozialer Stress - Mobbing

Ein wesentlicher Faktor der zu einer massiven Beeinträchtigung und Schädigung des psychischen und körperlichen Wohlbefindens und daraufhin in Folge zu einem Erschöpfungszustand beziehungsweise einem „Burnout-Syndrom“ beitragen kann, ist die systematische Ausgrenzung einer Person aus einer Gemeinschaft. Durch regelmäßige, wiederholte, oftmals sehr subtile und über eine länger andauernde Zeit bestehenden Angriffe und Schikanen auf das eigene Seelenwohl, können die Betroffenen in einen Zustand der Hilflosigkeit und Überforderung geraten.

Mobbing ist ein gruppendynamisches Phänomen, wo es oft um Gefühle wie Neid, Missgunst, Macht- und Konkurrenzdenken geht. Auch wenn jeder Mensch zu einem Opfer dieser oftmals geplanten und zielgerichteten Angriffe werden kann, haben doch Menschen, die sensibel sind, den Erwartungen anderer gerecht werden wollen, sich schwer abgrenzen und „Nein sagen“ können, ein erhöhtes Risiko.

Viele die dem Mobbingprozess zum Opfer gefallen sind, sind freundlich, verantwortungsbewusst, wissbegierig und in ihrem Job engagiert und versuchen durch ein angepasstes und manchmal eher zurückhaltendes Verhalten im Team, von ihren ArbeitskollegInnen, Anerkennung und Wertschätzung für ihre Person und ihren Arbeitseinsatz zu erlangen.

Durch die persönliche idealistische und perfektionistische berufliche Einstellung, überhöhte Ansprüche an sich selbst und an die eigene Arbeitsweise, das oftmals zwanghafte Verhalten die Tätigkeit zu kontrollieren, um Fehler zu vermeiden, laufen die Betroffenen Gefahr, zur Zielscheibe konkurrierender und missgünstiger ArbeitskollegInnen zu werden.

Dadurch kommt zum beruflichen Stress noch der soziale Stress im Job, wie Ausgrenzung, mangelnde Unterstützung, Intrigen oder das Vorenthalten wichtiger Informationen dazu und es ist dann nur mehr eine Frage der Zeit, bis die ersten psychischen und/oder körperlichen Belastungssymptome, wie zum Beispiel Stimmungsschwankungen, Gedankenkreisen, Schlafstörungen, vegetative Symptome, wie vermehrtes Schwitzen und chronische Kopf-, Rücken- oder Magenschmerzen auftreten, und die Symptomatik ihre Verdichtung im „Burnout-Syndrom“ findet.

4.4. biochemischer Stress - Nitrostress und der Mangel an Vitalstoffen

Chronisch belastender Stress ist nicht nur für unsere Psyche schädlich sondern hat auch negative Auswirkungen auf unser körperliches Wohlbefinden.

Das zentrale Steuerungsorgan in unserem Gehirn, der Hypothalamus oder auch Hirnanhangsdrüse genannt, schüttet Botenstoffe aus, die über die Blutbahn in die Nebennieren gelangen. Im Nebennierenmark und in der Nebennierenrinde werden die Stresshormone Adrenalin, Noradrenalin und Kortisol gebildet, die den Körper bei Stress in Alarmbereitschaft bringen und ihn auf erhöhte Leistungsfähigkeit vorbereiten.

Die körperlichen Veränderungen beeinflussen einen erhöhten Blutdruck, eine bessere Durchblutung der Muskulatur, der Herzschlag und die Atmung beschleunigen sich, die Körpertemperatur wird erhöht und es entsteht vermehrtes Schwitzen und auch der Blutzuckerspiegel steigt an.

Unser Organismus war früher somit auf körperliche und psychische Belastungen gut vorbereitet und die Stresshormone wurden durch Angriff oder Flucht bei drohender Gefahr, als natürliche Reaktionsweisen unserer Vorfahren, wieder abgebaut. In unserer heutigen Zeit hat sich jedoch das Verhalten der Menschen drastisch verändert und Bewegungsmangel, zusammen mit zucker- und fettreicher Ernährung verhindern den ausreichenden Abbau der Stresshormone und begünstigen somit das Entstehen von freien Radikalen im Körper.

Nitrostress beziehungsweise nitrosaktiver Stress bezeichnet reaktionsfreudige Verbindungen von Stickstoff (chemisches Nitrogenium), die zu Beschwerden, wie Erschöpfung, Leistungsabfall, depressive Verstimmungen, Konzentrations- und Gedächtnisprobleme, Kopfschmerzen, Kreislaufstörungen, chronische Entzündungen mit erhöhter Anfälligkeit für Infekte, Magen-Darm-Störungen oder auch Arteriosklerose (schädliche Ablagerungen in den Gefäßen) führen können.

Die dabei entstehenden Schädigungen in den Zellen durch freie Radikale oder oxidativen Stress, der durch aggressive Stickstoff-Sauerstoff-Verbindungen verursacht wird, sind äußert gefährlich für den Körper und nur durch erhöhte Aufnahme von Antioxidantien, wie Vitamin C, D, E und den Spurenelementen Zink und Selen kann er sich wieder neutralisieren und dem „biochemischen Teufelskreis“ entgegenwirken.

Die Kraftwerke in unseren Zellen, die Mitochondrien, sind durch den biochemischen Stress überfordert und können aufgrund ungenügender Vitalstoffe und Aminosäuren, wie Tryptophan, nicht mehr ausreichend Neurotransmitter herstellen, wie etwa Serotonin, das Glückshormon, das auch für eine positive psychische Grundstimmung sorgt und das Melatonin, das den Schlaf-Wach-Rhythmus reguliert.

Dem Körper fehlt wichtige Energie zur Aufrechterhaltung der Zellleistung, und die gestörte Energiegewinnung in den Zellen und der chronische Stress kann zu einem „Burnout-Syndrom“ führen. Die biochemischen Prozesse sind durch das Fehlen von Vitaminen und Mineralstoffe gestört und setzen die Funktionen im Körper und im Gehirn herab.

Begünstigt durch den Mangel entstehen körperliche und psychische Beeinträchtigungen, wie Schlafstörungen mit ständiger Müdigkeit, körperliche und nervliche Anspannung mit depressiven Stimmungszuständen und Ängsten.

Ebenso kann ein mangelhafter Vorrat an Aminosäuren (Eiweißen) im Körper die Leistungs- und Konzentrationsfähigkeit herabsetzen, somit zu Müdigkeit und depressiven Verstimmungen beitragen und auch zu einer schlechteren Regeneration nach sportlicher Betätigung führen.
Durch die aufrechterhaltende Überschwemmung von Stresshormonen in unserem Körper, ist er auch übersäuert und belastet das körperliche und psychische Allgemeinbefinden.

Auslöser für Nitrostress können sein (Drees und Stüllenberg 2013, 22 f.):

- *starke geistige und psychische Belastungen,*
- *bakterielle und virale Infekte,*
- *nitratreiche Ernährung, wie geräucherte Lebensmittel, nitratreiches Gemüse, das mit viel Kunstdünger angebaut wurde,*
- *Medikamente (Antibiotika, Statine/Cholesterinsenker, Nitrate/ Blutdrucksenker etc.,*
- *einseitige kohlenhydratreiche Ernährung,*
- *Umweltgifte (Insektizide, Pestizide oder Lösungsmittel) und*
- *toxische Belastungen, wie zum Beispiel Amalgamfüllungen, Rauchen, oder vermehrter Kaffeekonsum.*

5. Erschöpfung durch „Nichtstun“ - vom „Burnout ins Boreout“

Der Begriff „Boreout“ wird vom Englischen „boredom“ abgeleitet, was übersetzt Langeweile bedeutet. Ein „Boreout-Syndrom“ bezeichnet ein „Ausgelangweilt sein“, das mit einem erlebten Gefühl der ständigen Unterforderung im Beruf zusammenhängt und steht somit als Gegensatz zum „Burnout-Syndrom“, der chronischen Überforderung. Beide Gefühlszustände das *„Burnout-Syndrom“ („Ausgebrannt sein“)* sowie das *„Boreout-Syndrom“ („Ausgelangweilt sein“)* sind sich in ihrer Symptomatik sehr ähnlich und können mit psychischen und körperlichen Beschwerden einhergehen.

Symptome des „Boreout-Syndroms“, wie Niedergeschlagenheit, depressive Verstimmungen, Antriebs- und Schlaflosigkeit, Kopf- und Magenbeschwerden, Tinnitus und erhöhte Infektanfälligkeit können deshalb ebenfalls in einen Zustand der Erschöpfung münden.

Erstmals wurde der Begriff 2007 in dem Buch „Diagnose Boreout“ von Peter Werder und Philippe Rothlin erwähnt, und er bezeichnet ein Phänomen, das in unserer heutigen Arbeitswelt eher tabuisiert wird.
Auch wird es von den Betroffenen oft nicht als krankheitswertigen Zustand erkannt oder aber es wird verdrängt, da es in unserer Leistungsgesellschaft natürlich angesehener und besser akzeptiert wird, sich überdurchschnittlich für die berufliche Tätigkeit zu engagieren und viel zu leisten, als vor „Langeweile“ und „Nichtstun“ womöglich fälschlicherweise als faul abgestempelt zu werden.

Als Ursache für das entstehende „Boreout“ im Job können laut einer qualitativen Sozialforschungsarbeit von Prammer, zum Beispiel eine mangelnde Übereinstimmung der Person mit dem Arbeitsplatz und den beruflichen Tätigkeiten („Person-Job-Mismatch“) sein, wonach der/die ArbeitnehmerIn nicht seine/ihre beruflichen Qualifikationen nützen und einsetzen kann und deshalb auf Dauer, durch den „Unterstress“ kapituliert und innerlich den Job kündigt. Aber auch zu wenig zu verrichtende Arbeit oder mangelnde Delegation des Vorgesetzten können eine Unterforderung provozieren.

Oft sind die Betroffenen, Persönlichkeiten die gerne viel leisten und sich engagieren, um Anerkennung und Wertschätzung zu bekommen und aufgrund der ausbleibenden Möglichkeiten sich am Arbeitsplatz zu beweisen, entstehen oft Gefühle der Leere, Sinn- und Unzulänglichkeit.
Werder und Rothlin (2007) beschreiben drei Bedingungen, die das „Boreout-Syndrom“ begünstigen:

- *Unterforderung:*
  Gefühl mehr leisten zu können, als von einem gefordert wird.

- *Langeweile:*
  Lust- und Ratlosigkeit, weil man nicht weiß, was man tun soll.

- *Desinteresse:*
  Fehlende Identifikation mit der Arbeit und deren Sinnlosigkeit.

Das „Boreout-Syndrom“ gilt deshalb auch als ein ernst zunehmender Komplex aus negativen psychischen und körperlichen Symptomen, der behandlungswürdig erscheint und worauf die Arbeitswelt genauso präventiv vorbeugen und auf das Bedürfnis der ArbeitnehmerInnen, nach ausgeglichener Balance zwischen Über- und Unterforderung bei der Verrichtung deren beruflichen Tätigkeiten, Rücksicht nehmen sollte.

Abbildung 3: **„Boreout – Stichwortwolke“** (de.fotolia.com)

6. Im Kampf gegen die Erschöpfung - verschiedene Behandlungsansätze bei „Burnout-Syndrom“

Damit der Arzt/die Ärztin feststellen kann, ob es sich bei den angegeben empfundenen Symptomen des Patienten um ein „echtes Burnout-Syndrom“ handelt oder etwa, wie bereits erwähnt, ein möglicher Mangel an Vitalstoffen besteht oder es sich um eine andere krankheitswertige Störung handelt, haben die beiden Wissenschaftler Maslach und Jackson einen Fragenbogen entwickelt, das „Maslach Burn-out Inventory“ (MBI). Anhand des standardisierten Verfahrens können die Betroffenen selbst ihre Symptome und deren Schweregrad erfassen und bewerten.
Leider ist der Fragebogen nur auf das Empfinden von Überforderung in der Arbeitswelt konzipiert und lässt private, zum Beispiel persönliche oder familiäre Faktoren außer Betracht. Bei der Behandlung eines bestehenden „Burnout-Syndroms“ gibt es auch keine Standardtherapie. Es wird nach einem ausführlichen Anamnesegespräch, das auf die individuellen Lebens- und Arbeitsumstände des/der Betroffenen eingeht, versucht, die Bedingungen herauszufinden, welche zu dem „Ausbrennen“ beigetragen haben.

Von besonderer Bedeutung ist es jedoch multimodale Behandlungsansätze zu kombinieren, die je nach Schweregrad der Symptomatik eingesetzt werden und sich gegenseitig ergänzen, mit dem Ziel, durch einen „Work-Life-Balance-Ansatz“, das psychische, körperliche und soziale Wohlbefinden des/der Erkrankten wiederherzustellen und zu verbessern. Die Therapie sollte nachhaltig und nicht nur auf das Verschwinden der belastenden Symptomatik ausgerichtet sein, sondern vor allem dem/der Betroffenen bei der Bewusstwerdung der verschiedenen „krankmachenden“ Faktoren unterstützen, die ihn/sie in den Sog des „Burnout-Strudels“ gezogen haben.

6.1. schulmedizinischer Behandlungsansatz

Ein schulmedizinischer Behandlungsansatz ist meistens medikamentös orientiert und durch die Verabreichung von bestimmten Pharmazeutika bei einem „Burnout-Syndrom“ wird versucht das serotonergene System zu beeinflussen.

Da die Erkrankung oft mit einer Depression einhergehen beziehungsweise bei längerem Bestehen einer „Burnout-Symptomatik“ dazu führen kann, sind Antidepressiva zur medikamentösen Behandlung das erste Mittel der Wahl.
Im Besonderen werden Selektive Serotonin-Wiederaufnahmehemmer (SSRIs) eingesetzt, da sie Vorteile in der Anwendung, im Hinblick auf eine oftmals gleichzeitig vorkommende Suchterkrankung bei vielen „Burnout-Patienten“ haben (innenwelt spezial 2011, 33 f.).

Die Psychopharmaka werden verabreicht um zu aller erst die Patienten psychisch zu stabilisieren, die belastenden psychischen und körperlichen Beschwerden zu minimieren und durch dessen sedierende (beruhigende) Wirkung wird ein erholsamer Schlaf gefördert. Auch wirken die Medikamente stimmungsaufhellend und verhelfen den Betroffenen wieder zu mehr Zuversicht und Hoffnung auf Gesundung.

Ist die „Burnout-Symptomatik“ schon sehr weit fortgeschritten und stellt sie für den/die Betroffenen/Betroffene eine massive Belastung in seinem/ihrem Job dar, kann es auch sinnvoll sein, durch eine Krankschreibung oder eine Reduzierung der Arbeitsstunden, die Situation am Arbeitsplatz zu entschärfen. Jedoch darf dies eine Therapie zur Wiederherstellung der Arbeitsfähigkeit nicht ersetzen und dient nur vorrübergehend, um den/die Betroffenen/Betroffene vom Druck zu entlasten.

6.2. psychologische und psychotherapeutische Interventionen

Menschen, die schleichend in einen „Burnout-Zustand“ geraten sind, sind sehr verzweifelt und fühlen sich müde, schwach und minderwertig. Sie können mit dem Gefühl auf einmal „nicht mehr zu funktionieren“ und weniger leistungsfähig zu sein nicht umgehen und glauben der Situation ausgeliefert zu sein. Viele können nicht verstehen und nachvollziehen, warum die beruflichen Anforderungen und die Aufgaben, die sie so nebenbei erledigt haben, ihnen nun plötzlich enorme Anstrengung bereiten. Sie sind mit sich selbst unzufrieden, gefrustet und Gefühle der Unsicherheit knabbern an ihrem Selbstwert. Fühlten sie sich doch davor stets energiegeladen und dynamisch in ihrem Handeln und eigentlich wollten sie doch noch mehr in ihrem Job weiterbringen.

Die Stimme ihres „inneren Antreibers“ hebt streng den Zeigefinger und mahnt zur Selbstbeherrschung und noch mehr Kontrolle und befiehlt den Betroffenen in ernstem Tonfall: *„Einfach weiter zu machen, es besser zu machen, sich zusammen zu reißen! Davor ging es doch auch immer und das berufliche Projekt ist doch noch lange nicht perfekt! Naja, dann müssen halt wieder Überstunden gemacht und abends länger gearbeitet werden - Schlaf wird doch eh überbewertet!“*

Viele an einem „Burnout-Syndrom-Erkrankten“ kennen meist diese negativen Denkmuster und inneren Gebote, und auch wenn es ihnen manchmal sogar bewusst ist, dass sie sich selbst damit schädigen und nichts Gutes tun, verdrängen sie den Gedanken daran, „einen Gang zurück zu schalten“ und sich einmal zu entspannen, haben sie doch über die Jahre hinweg, im Job und im Privatleben, gelernt gut zu „funktionieren“!

Die Bedürfnisse für sich selbst nehmen die Betroffenen oft nicht mehr wahr und sich abzugrenzen und auch einmal „Nein“ zu sagen fällt ihnen schwer. Erhoffen sie sich doch Wertschätzung und Anerkennung für ihre Leistungen und wollen von ihrer Familie, ihren Freunden und ArbeitskollegInnen geschätzt und akzeptiert werden. Nur dann fühlen sie sich „gut und wertvoll“, wenn sie etwas leisten, egal ob im Beruf oder im Privatbereich.

Manche davon sind sich selbst nie gut genug und fühlen sich auf Lob und positives Feedback ihres Umfeldes angewiesen, das ihnen die Bestätigung gibt, den eigenen Erwartungen gerecht geworden zu sein. Werden sie jedoch mit Kritik konfrontiert oder bleibt die Rückmeldung völlig aus, bewerten sie ihre eigene Person als schlecht und zu wenig liebenswert und versuchen nur noch mehr zu leisten, um dem Teufelskreis zu entkommen. Das Selbstwertgefühl dieser Persönlichkeiten ist sehr zerbrechlich und durch die fehlende Spiegelung ihrer Person in deren Kindheit, sind sie verunsichert und können ihre eigenen Bedürfnisse nur schwer wahrnehmen. Manchmal verbieten sie sich selbst positive Dinge und Erfahrungen oder bekommen Schuldgefühle.

Die Stimme ihres „inneren Antreibers“ ist mit den Jahren immer lauter und strenger geworden und so stellen sich die Betroffenen selbst immer vor noch größere berufliche und private Anforderungen, die sie zu bewältigen versuchen. Das Gefühl des „getrieben seins“ quält viele Betroffenen innerlich, aber ihr Perfektionismus ist stärker!
„Perfektionistisch zu sein, ist doch gut und erstrebenswert in einer von Leistung und Erfolg getriebenen Gesellschaft oder? Und vor allem in der Arbeitswelt kommt man doch nur so weiter und bringt es zu etwas!“

Werden diese selbstzerstörerischen Gedanken nicht als solche erkannt und verändert, dreht sich die „Stressspirale“ nur noch schneller und der Kampf mit sich selbst wird immer härter! Gefährlich wird es noch mehr, wenn sich perfektionistisches Streben mit Idealismus paart, dann eifert man ständig den persönlichen Idealen und Wertvorstellungen hinterher, und die Suche nach dem eigentlichen persönlichen Sinn im Leben wird einem nur noch unklarer.

Was ist mir persönlich wichtig im Leben?
Was sind meine Stärken?
Und was kann ich weniger gut?
Was mögen/schätzen Anderen eigentlich an mir und meiner Person?

Die Antworten auf diese Fragen sind so manch einem/einer „Ausgebrannten“ völlig fern. Haben sie sich doch von dem Gefühl für sich selbst entfremdet und nur das Bedürfnis etwas leisten zu wollen, gibt ihnen, in einer Gesellschaft deren Werte sich immer mehr verändern, Struktur und Halt. Trotzdem bleibt ihnen die Frage offen, nach dem was ihnen Sinn gibt und ihr Leben bereichern könnte und ihr Idealismus und die grenzenlose Bereitschaft für eine „Sache zu brennen“ ist groß. „Ausbrennen kann nur jemand, der davor gebrannt hat!“ Und je stärker das Feuer war, desto größer ist die Gefahr in ein „Burnout“ abzudriften.

Psychologische und Psychotherapeutische Interventionen versuchen durch einen kognitiv-verhaltenstherapeutischen Ansatz die Betroffenen dabei zu unterstützen, ihre negativen Denkmuster zu erkennen und anschließend in eine positive Richtung zu verändern. Über sensible und einfühlsame Herangehensweisen im persönlichen Gespräch mit den Erkrankten, ist es sehr wichtig mit ihnen ein Gespür für ihre „wahren“ Bedürfnisse zu entwickeln und das Streben nach Perfektionismus und Kontrolle, im Beruf und privat, zu hinterfragen.

Ängste müssen erkannt und akzeptiert werden und durch gemeinsames Suchen nach positiven Möglichkeiten zur deren Bewältigung, lernen sie, Schritt für Schritt, die Herausforderung anzunehmen und sich ihnen zu stellen.

Durch verschiedenste Entspannungsverfahren, wie zum Beispiel die Progressive Muskelrelaxation nach Dr. Edmund Jacobson oder selbst suggerierte Methoden, wie etwa Autogenes Training nach Schultz und Luthe sowie unterschiedliche Visualisierungstechniken und meditative Ansätze, sollen den Betroffenen dazu verhelfen, den Unterschied zwischen einem Anspannungszustand und einem Entspannungszustand zu erkennen. Es werden Möglichkeiten zur Stressbewältigung gesucht und eingeübt und die Körperwahrnehmung wird ergänzend durch Atemtraining geschult. Das Entwickeln einer gesunden Einstellung und dem Zugang zur eigenen Person sowie das Lernen eigene Bedürfnisse wahrzunehmen, ist ein wichtiges Ziel von psychologischen und psychotherapeutischen Interventionstechniken.

Körper- und bewegungstherapeutische sowie gestalt- und kreativtherapeutische Methoden unterstützen diesen Prozess positiv. Es geht vorrangig um das Erlernen eines „Work-Life-Balance-Gefühls“ und nicht bloß um die Wiederherstellung der beruflichen Funktionsfähigkeit. Die Betroffenen sollen durch die verschiedenen, sich ergänzenden psychologischen Behandlungsansätze, ein Gefühl der Selbstwirksamkeit entwickeln, das bedeutet, dass sie etwas bei sich selbst bewirken und damit auch ihr persönliches, soziales und berufliches Umfeld positiv beeinflussen können.
Auch das Empfinden von Selbstkontrolle, die Dinge selber in eine positive Richtung lenken zu können und ihnen nicht hilflos ausgeliefert zu sein, stärkt ihr Selbstvertrauen und Selbstwertgefühl und verleiht ihnen echtes Selbstbewusstsein.

Sich selbst Schwächen zuzugestehen und diese in ein gesundes Selbstbild zu integrieren, Fehler zuzulassen und nicht mehr nur „funktionieren“ zu müssen sind wertvolle Erfahrungen und erste Schritte zu mehr Lebendigkeit und Wohlbefinden. Und die wichtigste Tugend die „Geduld“ sollte man sich auch zu Herzen nehmen! In erster Linie Geduld mit seiner eigenen Person und mit den Dingen im Leben, ihnen Zeit und Bedeutung geben, um sich entwickeln zu können, das ist eine wichtige Lernerfahrung und dadurch können die Betroffenen wieder langsam und schrittweise Veränderungen in ihrem „perfekt angepassten“ Verhalten zulassen. Nur so lässt sich ein „Burnout-Zustand“ überwinden und es kann sich mit der Zeit wieder neue Energie entwickeln.

Sich von einer neuen Seite kennen zu lernen, positive Erfahrungen zu machen, wie zum Beispiel sich ein Hobby zu suchen, das einem Freude bereitet oder Dinge auszuprobieren, die man sich selbst davor nicht zutraute, stärkt das Selbstvertrauen und baut den Selbstwert wieder auf. Die Zeit die man hat gilt es sinnvoll zu nützen und sich mit guten und unterstützenden Freunden zu treffen, um zu reden und gemeinsame Freizeitaktivitäten zu planen. Es ist wichtig das Leben auch einmal zu genießen und die Seele baumeln zu lassen und einfach „Nichts“ tun zu dürfen, denn das gibt Kraft und Energie um wieder gesund zu werden.

Und zu guter letzt ist es entscheidend den Sinn in der Erfahrung des „Ausgebrannt seins“ zu erkennen und das „Burnout-Syndrom“ als Chance und positive Herausforderung zu sehen, um alte negative und blockierende Denk- und Verhaltensmuster im Leben loszulassen und sich auf eine spannende Reise zu sich selbst einzulassen!

6.3. „gesunde Nervennahrung“ - wie man die Psyche ernährt

In der heutigen westlichen Gesellschaft, in der es als Schönheitsideal gilt, schlank, sportlich, fit und vital zu sein und so manch einer/eine, den meist von der Natur her gesehenen unnatürlichen, viel zu dünnen Figuridealen entsprechen möchte, wird das Essen oft dazu benützt, um abzunehmen oder auch um Gefühle, wie Frust, Ärger, Trauer und Einsamkeit abzubauen.
Die steigende Zahl der an klinischen Essstörungen erkrankten Frauen und Männer jeden Alters, mit einer Magersucht (Anorexia nervosa), einer Ess-Brech-Sucht oder einer Bulimie (Bulimia nervosa), einer Bing Eating Störung (Essensgelagestörung) oder einer Fettsucht (Adipositas) zeigt, dass Essen für viele Betroffene auch zum Problem werden kann.

Dabei ist die Grenze zwischen einem noch „normalen“ Essverhalten bis hin zu einer krankheitswertigen Störung, wie jene oben bereits erwähnten, sehr fließend. Das zeigt sich zum Beispiel an den verschiedenen Ernährungsstilen, wie der Trennkost oder an einem extrem kontrollierenden Ernährungsverhalten „nur gesund und natürlich“ zu essen (Orthorexia nervosa). Aber auch unsere jüngere, leider oft junk und fast food essende Generation darf man nicht außer Acht lassen, denen es egal ist, was sie essen, Hauptsache es schmeckt, macht satt und geht schnell.

Ernährung könnte man meinen wäre etwas so Natürliches und ein leicht umsetzbares Verhalten für uns Menschen, aber leider haben auch in diesem Bereich einige verlernt, auf ihr Bedürfnis nach Hunger und Sättigung zu hören und wahrzunehmen was ihrem Körper und damit verbunden auch der Psyche gut tut. Menschen, die an einem „Burnout-Syndrom“ erkrankt sind können oft nicht nur ihre emotionalen Bedürfnisse nicht mehr spüren, sie wissen auch nicht was ihr Körper braucht, um gesund und leistungsfähig zu bleiben.

Und wenn sie es dennoch wissen, verleugnen sie ihr Bedürfnis nach gesunder Ernährung, haben sie doch keine oder zu wenig Zeit dafür. Von ihrem „inneren Feind" gepeitscht, fühlen sie sich ständig danach getrieben zu funktionieren und Leistung zu erbringen. Dabei darf auch nicht auf ausreichend Koffein verzichtet werden, um sich wach zu halten, und der schnelle Zucker fürs Gehirn muss natürlich auch in greifbarer Nähe sein.

Und um den Durst zu löschen dient die Wunderwaffe „Energy Drink", denn der verleiht ja bekanntlich Flügel, und Wasser allein „pushed" doch nicht so schön. Man kann ja später etwas Gesundes kochen, wenn man dazu kommt, sonst wird es halt doch wieder der schnelle, fettige Snack vom Imbissstand neben dem Büro. Und weil es ja dann „eh schon wurscht" ist, kann man sich ja auch noch das Bierchen oder das schöne Glas Wein am Abend, zur Entspannung nach so einem gestressten Tag gönnen.

Viele „vom Ausgebrannt sein" Geplagten fühlen sich in diesem Teufelskreis gefangen und die guten Vorsätze endlich den Lebensstil oder zumindest das persönliche Ernährungsverhalten positiv zu verändern scheitern leider kläglich. „Aber egal, denn der „innere Antreiber" verlangt zu funktionieren!"

Gesunde Ernährung setzt Bewusstheit für die Bedürfnisse des Körpers und der Psyche voraus. Und mit Achtsamkeit soll man ihm geben, was er braucht, damit die körperlichen Vorgänge reibungslos funktionieren können. Essen ist nicht bloß ein Füllen des Magens mit Lebensmittel. Essen soll wieder zum Genuss werden, Freude machen und Wohlbefinden auslösen. Vor allem soll eine gesunde und ausgewogene Ernährung unserem Körper Kraft und Energie geben, damit sich unsere Seele auch darin zu Hause fühlen kann. Wer möchte schon im Müll leben, „Messies" mal ausgenommen?

Allgemein bedeutet eine gesunde Ernährungsweise auf ein ausgewogenes Verhältnis der Aufnahme der Nährstoffe, Kohlenhydrate, in Form von zum Beispiel Vollkorngetreide, Kartoffeln, Nudeln, Reis sowie gesunden Fetten, wie zum Beispiel Pflanzenölen, wie Raps- oder Leinöl und Nüsse und Eiweiße, wie magere Milch und Milchprodukte, Käse, Fisch oder Eier in Maßen, zu achten und ebenso ausreichend Vitamine und Spurenelemente, über den Verzehr von möglichst frischem und saisonalen Obst- und Gemüsesorten und Hülsenfrüchten, zu sich zu nehmen.

Einige Vitamine sind wasserlöslich und da über das Wasser wichtige Vitalstoffe im Körper zu den Zellen transportiert werden ist es sehr wichtig genug zu trinken. Außerdem bewirkt die Flüssigkeit zusammen mit den Ballaststoffen, in Getreide und Vollkornprodukten, eine regelmäßige und gesunde Verdauungsfunktion.

Das „Burnout-Syndrom" geht manchmal auch mit einem ungesunden und mangelhaften Ernährungsverhalten der Betroffenen einher, da sie ihren Körper und dessen Bedürfnis nach gesunder Nahrungsaufnahme, getrieben durch den beruflichen und privaten Stress, nicht wahrnehmen oder die Zeichen von Hunger ignorieren. Das hat natürlich Folgen auf die körperliche und psychische Leistungsfähigkeit, da zu wenig Energie zur Verfügung steht. Der entstehende Mangel an Vitaminen, Mineralstoffen und Spurenelemente beeinträchtigt biochemische Prozesse im Körper negativ und kann zu Leistungsabfall führen, die mit seelischen Beeinträchtigungen, wie zum Beispiel ein chronisches Müdigkeitssyndrom, depressive Störungen oder Ängste einhergehen. Auch eine unzureichende Aufnahme an essentiellen Aminosäuren (Eiweißen), die dem Körper über die Nahrung zugeführt werden müssen, kann sich in Erschöpfungszuständen bemerkbar machen.

Essentielle Aminosäuren helfen dem Gehirn Botenstoffe, wie etwa das Glückshormon Serotonin aufzubauen und sind verantwortlich für eine gute und ausgeglichene Stimmung sowie einen erholsamen Schlaf. Menschen mit einem „Burnout-Syndrom" essen meist nicht nur zu ungesund und zu mangelhaft, sondern auch zu hastig und oft nur zwischendurch. Deshalb ist es für sie wichtig, zu lernen, sich bewusst Zeit für das Essen zu nehmen und die volle Aufmerksamkeit darauf zu lenken, und die Nahrung ausreichend zu kauen und versuchen jeden Bissen zu genießen. Der achtsame Umgang mit sich selbst bewirkt mit der Zeit auch eine Entschleunigung vom stressigen Alltag und fördert wieder ihr körperliches und psychisches Wohlbefinden.

Folgende Vitamine, Mineralstoffe und Spurenelemente sowie Aminosäuren sind bei drohendem oder bereits bestehendem „Burnout-Syndrom" besonders wichtig und sollten vermehrt in eine gesunde Ernährung eingebaut werden (Drees und Stüllenberg 2013, 36 ff.):

- **Vitamin A** (Retinol):
  - ist ein wichtiges Antioxidans → dient zur Bekämpfung freier Radikale
  - die Vorstufe Betakarotin ist besser verträglich als Nahrungsergänzungsmittel
  - bei Stress ↑
  - gut gegen Augentrockenheit und Nachtblindheit bei viel PC - Arbeit
  - Einnahme von Medikamenten, die Cholesterin senken und der Pille ↑
  - gut bei Schilddrüsenunterfunktion
  - bei Diabetes ↑
  - als Krebsprophylaxe: senkt Gebärmutterhals- und Brustkrebsrisiko

  → enthalten in allem was rot ist, Tomaten, Sauerkirschen, roter Paprika, Grapefruit, Brokkoli, Möhren, ...

- **Vitamin C** (Ascorbinsäure):
  - ist eines der stärksten Antioxidantien
  - stärkt das Immunsystem
  - fördert die Eisenaufnahme im Körper
  - unterstützt die Fettverbrennung
  - wichtig für Raucher → reduziert Nitrate
  - hilft bei Schilddrüsenproblemen
  - verbessert die Stimmung (durch vermehrte Bildung von Serotonin)
  - reduziert Stresshormone, bei Stress Vitamin C ↑
  - Schutzvitamin für viele Hormone
  - Krebsprophylaxe
  - beschleunigt die Wundheilung
  - Anti Aging Mittel
  - natürliches Abführmittel (bei Überdosierung → Durchfall)
  - schwerer Vitamin C – Mangel = Skorbut

→ Paprika, Sauerkraut, Petersilie, Grapefruit, Zitrone, Orange, Kiwi, Brokkoli, Acerolakirschen, Radieschen, Tomaten, Kartoffeln, ...

Vitamin E (Tocopherol):

- ist ein wichtiges fettlösliches Antioxidans
- baut Erschöpfungszustände ab
- hat eine harntreibende und blutdrucksenkende Wirkung
- wichtig für die Durchblutung der Gefäße; verhindert Blutgerinnsel
- lindert Muskelkrämpfe und Muskelkater
- schützt vor den Nebenwirkungen von Medikamenten, z. B. Paracetamol
- gilt als Vorbeugung gegen Alzheimer
- lindert prämenstruelles Syndrom (PMS)
- Anti Aging Mittel
- bei Vitamin C Mangel und bei Selen Mangel → Vitamin E ↑

→ Käse, Eier, Fleisch, Fisch, Obst, Nüsse, Spargel, Olivenöl,...

B – Vitamin Komplex

(„neutrope“ auf das Nervensystem einwirkende Vitamine):

- positiv für das Gehirn, Nerven, Muskeln, Verdauung, Haut, Haare, Nägel
- Zufuhr bei Stress und Belastung ↑, erhöht die Konzentration ↑
- Mangel an B – Vitaminen geht oft mit Magnesiummangel einher!

Vitamin B1 (Thiamin): Mangel = Beriberi

- bei der Einnahme der Pille → B6, B12 und Folsäure (B9) ↑

→ Bananen, Vollkorngetreide, Sojabohnen, Obst, Gemüse, Fisch, Milch, Sonnenblumenkernen, Erbsen, ...

Vitamin B2 (Riboflavin):

- bei Migräne und Stress ↑ (Vorsicht: zu viel B2 → freie Radikale)

→ Obst, Gemüse, Milch, Eier, Käse, Fisch, Haferflocken, ...

Vitamin B3 (Niacin):

- bei Migräne; erhöhtem Blutdruck

→ Obst, Milch, Fisch, Kartoffeln, Vollkorngetreide, Haferflocken, ...

Vitamin B5 (Pantothensäure):

- beugt Erschöpfung vor; wichtig für Zellaufbau; Funktion der Nebennieren körperliche und mentale Ausdauer; gegen Krämpfe; Schlankheitsvitamin

→ Obst, Gemüse, Milch, Eier, Fisch, Vollkorngetreide, Bohnen, ...

Vitamin B6 (Pyridoxin):

- wichtig für die Aufnahme von Vitamin B12 und Magnesium; reguliert den Salzhaushalt; bei Einnahme der Pille ↑

→ Bananen, Obst, Kartoffel, Fleisch, Fisch, Sojabohnen, Reis, Hirse, Walnüsse, Milch, Linsen, Kichererbsen, ...

Vitamin B9 (Folsäure):

- Aufbau von roten Blutkörperchen; Schutz vor Missbildungen in der Schwangerschaft; senkt Herzinfarktrisiko; baut Umweltgifte ab

→ grünes Gemüse, Milch, Eier, Käse, Nüsse, Sojabohnen, weiße Bohnen, Kichererbsen, Leber, Huhn, ...

Vitamin B12 (Cobalanin):

- bildet rote Blutkörperchen (Mangel bei Vegetarier!); Konzentration ↑; für inneres Gleichgewicht; zur Verringerung von Müdigkeit

→ Kuhmilch, Kokosmilch, Käse, Eier, Fisch, Austern, Leber, ...

✣ **Vitamin D** (Calciferol):

- wird durch das Sonnenlicht in der Haut gebildet → Sonnenvitamin!
- gut für die Nerven und den Energiestoffwechsel
- stärkt das Immunsystem
- reguliert den Kalzium- und Phosphatstoffwechsel und den Einbau von Kalzium in die Knochen und Zähne
- beugt Osteoporose (Entmineralisierung der Knochen) vor

→ Mozzarella, Käse, Fisch (Lachs, fette Seefische), Avocados, Eier, Pilze, Fleisch, ...

✣ **Eisen:**

- Energiegewinnung in den Zellen
- wichtig für die Blutbildung
- unterstützt die Gehirnleistung, Konzentration ↑
- ist Bestandteil vieler Enzyme
- stärkt das Immunsystem
- Eisen zusammen mit Vitamin C einnehmen zur besseren Aufnahme!
- Eisenmangel: Müdigkeit, Gereiztheit, Unlust, Nervosität, Infektanfälligkeit
- Kaffee, schwarzer Tee, Kalzium (Milch und Milchprodukte)

→ hemmen die Eisenaufnahme

→ Linsen, Haferflocken, Hirseflocken, rote Rüben, Spinat, Vollkorngetreide, Fleisch (Schweineleber), dunkle Beeren

(Johannisbeeren, Brombeeren, Heidelbeeren), dunkle Gemüsesorten, Kohl, Brennnesseln, ...

Magnesium:

- innere Ruhe, Gelassenheit → Antistress-Mineral, Glücksmineral
- gut für Nerven, Muskulatur, Herz
- fördert die Fettverbrennung
- bei Stress ↑
- gegen nervöse Störungen, wie Angst, Depression, Unruhe, Schlafstörungen, Kopfschmerzen, Migräne
- gut bei vermehrtem Schwitzen, chronischen Darmentzündungen, chronischer Müdigkeit
- stärkt das Immunsystem
- fördert beruhigten Schlaf
- gegen prämenstruelles Syndrom (PMS)
- gegen Muskelkrämpfe
- Kaffeetrinker → Magnesium ↑
- bessere Aufnahme in Verbindung mit Kalzium
- Phosphat behindert die Aufnahme von Magnesium!

→ **Bananen, Gemüse, Sonnenblumenkerne, Hirse, Nüsse (Haselnüsse), Haferflocken, Vollkorngetreide, Fleisch, ...**

Selen:

- ist ein wichtiges Antioxidans → Zellschützer, stärkt das Immunsystem
- gut für die Entgiftung
- unterstützt die Produktion von Schilddrüsenhormonen
- Krebsprophylaxe; Herzerkrankungen; Arthritis
- verbessert die Muskelkraft → bessere Leistungsfähigkeit
- entsorgt Schadstoffe im Körper (Schwermetalle)

→ Obst, Gemüse, Kartoffeln, Fisch (Thunfisch), Vollkornreis, Kokosnuss, ...

Zink:

- ist ein wichtiges Antioxidans
- stärkt das Immunsystem, Energie ↑, geistige Leistungsfähigkeit, Konzentration ↑
- Bestandteil vieler Enzyme, die den Eiweißstoffwechsel und die Bildung neuer Zellen regulieren
- Zellaufbau der Haut, Bindegewebe, Knochen, Nägel
- fördert die Wundheilung
- Zinkräuber → Zigaretten, Alkohol, Schwermetalle (Amalgamfüllungen)
- steuert die Produktion von Hormonen (Dopamin, Serotonin)
- bildet Glückshormon Serotonin und Schlafhormon Melatonin (mit Magnesium, Vitamin B6, Vitamin C)
- reduziert Ängste und Niedergeschlagenheit
- ist am Zuckerstoffwechsel beteiligt
- erhöht die Muskelkraft
- bei Medikamenteneinnahme und der Pille → Aufnahme Zink ↑
- verbessert den Schlaf
- stimmungsaufhellend, gedächtnisstärkend

→ Fleisch (Leber), Fisch, Vollkorngetreide, Austern, Meeresfrüchte, Haferflocken, Nüsse (Paranüsse), Hartkäse, Hülsenfrüchte, ...

Aminosäure: L – Carnitin:

- ist ein natürlich vorkommender Eiweißbaustein
- liefert Energie in die Zellen
- Unterstützung zur Gewichtsreduktion
- bekämpft Erschöpfung und chronische Müdigkeit

- senkt die Blutfettwerte
- Körper kann es selbst herstellen (braucht dazu Niacin, Vitamin B6 und C, Eisen)
- bei Stress → Aufnahme L – Carnitin ↑

→ Milch und Milchprodukte, Fleisch, ...

Coenzym Q10:

- ist ein Powerstoff für das Herz, gut für den Kreislauf und die Leistung
- ist eine natürliche körpereigene Substanz, die über die Nahrung aufgenommen werden kann
- unterstützt den Transport von Sauerstoff in die Zellen
- bei der Einnahme von Cholesterinsenker (Statine) → Einnahme ↑
- bei Mangel: Erschöpfung und Abgeschlagenheit
- bei Stress und körperlicher Anstrengung → Einnahme ↑

→ Eier, Fisch, Fleisch, ...

Omega 3 – Fettsäuren:

- ist ein gesundes Fett und am Aufbau und der Funktion der Körperzellen beteiligt
- verbessert die Stimmung
- Leistungsvermögen ↑, Konzentration ↑
- beugt Erschöpfung und Depressionen vor
- Verhältnis von Omega 3 zu Omega 6 sollte 1:3 sein

→ frischer Fisch (Lachs, Hering), Milch, Pflanzenöle (Raps-, Leinöl, ...)

6.4. bewegungstherapeutischer Ansatz - dem Stress davon laufen

Ein wesentlicher Hauptfaktor bei Menschen, die an einem „Burnout-Syndrom“ erkrankt sind, ist das mangelhafte Spüren der eigenen emotionalen und körperlichen Bedürfnisse. Oft besteht auch ein wechselseitiger Kampf zwischen Psyche und Körper, in dem die Betroffenen durch ihre Kopflastigkeit im Denken bei der Arbeit, mit dem Ziel Leistungen zu erbringen und zu funktionieren, zu wenig auf ihre Intuition und ihr Bauchgefühl hören und schmerzliche muskuläre Anspannungen oder sonstige psychosomatische Beschwerden ihres Körpers nicht wahrnehmen oder ignorieren.

Der Kopf und der Wille nach perfektionistischem Streben sind stark, auch wenn er durch beginnende Denk- und Konzentrationsprobleme schon langsam zu „schwächeln“ beginnt und deshalb versuchen die Betroffenen, über „Raubbau“ am eigenen Körper, durch vermehrten Konsum von Koffein und anderen „Aufputschmitteln“ dem „Handicap“ entgegenzuwirken. Dass dabei natürlich wichtige Vitalstoffe, die die Zelle braucht, um etwas leisten zu können, entzogen werden, ist vielen nicht bewusst.

Die zunehmende Anspannung durch die gestresste und ungesunde Lebensweise, gekoppelt mit dem Leistungsdenken und dem Funktionalismus, führt unausweichlich zu einer angespannten Körperhaltung und durch das unbewusste Vorziehen des Kopfes, um die mangelhafte Konzentration noch aufrecht erhalten zu können, und das angespannte Hochziehen der Schultern und das gesamte Zusammensacken des Oberkörpers, entstehen Nacken-, Schulter- und Kopfschmerzen.

Es gilt als bewiesen, dass regelmäßige sportliche Betätigung, durch moderate Bewegung, zum Abbau der Stresshormone im Körper beitragen kann und einen erholsamen Schlaf fördert. Durch das dabei zusätzliche Ausschütten von Glücksgefühlen, Endorphinen, im Körper, wird die Stimmung zudem verbessert und die Vitalität gesteigert. Wichtig ist jedoch bei „Burnout-Patienten", dass sie einen entspannt ausgeführten Sport betreiben, wie zum Beispiel langsames Joggen, schnelleres Walken, Nordic Walking, Fahrradfahren, Wandern oder Schwimmen, das nicht auf das Erzielen von sportlicher Leistung oder ein anderes Ziel hin ausgerichtet ist.

Das regelmäßige Training soll Spaß und Freude machen und positive Impulse für die Wiederherstellung der emotionalen und körperlichen Leistungsfähigkeit erbringen. Es darf auch nicht als lästige Pflicht fungieren, die zum zwanghaften sportlichen Verhalten führt. Ausdauersportarten, die im Freien und in der Natur durchgeführt werden können, sind besonders empfehlenswert, da die Sauerstoffversorgung optimal ist, und das Tageslicht und die Sonne zusätzlich die Bildung von Vitamin D im Körper anregt. Ein moderates Bewegungsprogramm, das regelmäßig zwei- bis dreimal pro Woche ca. 45 Minuten bis zu einer Stunde von den Betroffenen durchgeführt wird, hat eine erstaunlich positive Wirkung auf das psychische und körperliche Wohlbefinden.

Die Methode der „Integrativen Leib- und Bewegungstherapie (IBT)", die ihren Ursprung Mitte der sechziger Jahre in Paris hat und von Hilarion G. Petzold und Johanna Sieper entwickelt wurde, gilt als körperorientiertes, psychotherapeutischen, „bio-psycho-soziales" Verfahren. Es sieht den Menschen als „Ganzes", als ein Individuum, in einer sozialen und ökologischen Lebenswelt.

Auch der Psychoanalytiker Wilhelm Reich bezog sich auf eine „körperorientierte Psychotherapie“ und beschrieb in seinen Arbeiten dazu, *„wie sich die individuelle Lebensgeschichte im Körper des Menschen einprägt und wiederfindet“.* Er ist der Ansicht, dass sich ein grundlegender Konflikt des Menschen, sich auf dessen körperlicher Ebene in seiner Körperhaltung, einem speziellen Atemmuster, der Muskelspannung und der Gestik ausdrückt und die Entsprechung dazu auf der seelischen Ebene, in einer eingeschränkten emotionalen Erlebnis- und Kontaktfähigkeit ausdrückt.

Die integrative Leib- und Bewegungstherapie sieht in dem Begriff „Leib“ den lebendigen, bewegten Körper, der den Mensch mit seinen Gedanken, Gefühlen, Willensakten, seinen psychischen und geistigen Prozessen, seiner Personalität erfasst und nicht nur als Körper, der biologische Organismus, als materielle Grundlage der Lebensprozesse (Waibel und Jakob-Krieger 2009, 8 f.). Die Ziele der Methode verfolgen eine Aktivierung der körperlichen Selbstwirksamkeitserfahrung, Wahrnehmungslenkung, Aufbau einer achtsamen und wohlwollenden Beziehung zum eigenen Körper und die Erkundung zwischenleiblicher Kontakt- und Abgrenzungsformen.

Durch positive Wahrnehmungslenkung bewusst weg von negativen Gedankenkreisen (Grübeln), das oft ein Symptom von „Burnout-Betroffenen“ darstellt, hin zu einer Wahrnehmung des eigenen Körpers und der Situation, und die Aufmerksamkeitslenkung auf förderliche Ressourcen, eigene Bewältigungsmöglichkeiten im Umgang mit Problemen, sind wichtig und neue Lernerfahrungen. Selbstfürsorge statt Selbstüberforderung und die Akzeptanz und das positive Umformulieren negativ bestehender Glaubenssätze und Emotionen über den eigenen Körper, sind Themen der integrativen Leib- und Bewegungstherapie.

Angenehme Empfindungen und Gefühle müssen durch Fragen, wie zum Beispiel, wie sich der Körper anfühlt, bewusst gemacht und wahrgenommen werden. Bewegungen die Spaß machen beeinflussen die muskuläre Grundspannung (Muskeltonus) positiv und fördern Wachheit und Selbstbewusstsein. Das „eigenleibliche Spüren“ muss regelmäßig geübt und verbal zum Ausdruck gebracht werden, um es ins Bewusstsein verankern zu können. Die Betroffenen sollen lernen auf eigene Empfindungen zu achten, um Körpersignale als Hinweise auf Bedürfnisse zu verstehen.

Diese bewusste Körperwahrnehmung von Gefühlen, Empfindungen, Bedürfnissen und der Atmung dient dazu, eine achtsame und gelassene Einstellung zu der eigenen Person und dem Körper zu entwickeln und um zu lernen, die Emotionen zu regulieren als sie ständig zu kontrollieren.
Schon ein Arzt aus der Antike, namens Herodicus, hat auf einen gesundheitsbewussten und bewegungsaktiven Lebensstil hingewiesen, der durch das Zusammenwirken von gesundheitsfördernder Maßnahmen, wie richtige Ernährung und Stressregulation, Atemarbeit und Entspannung, soziale Kontakte und Gemeinschaftserleben, als Grundlage für ein gelingendes und glückliches Leben dienen soll (Waibel und Jakob-Krieger 2009, 85 ff.).

Der Begriff „Bewegungswellness“ drückt das Wohlfühlen nach Bewegung und körperlicher Aktivität aus. Die „Embodiment“ Forschung (Storch et al. 2006) betont die positive Wirkung von Nordic Walking, durch die Aufrichtung der Wirbelsäule und dem aktiven Hände- und Armeinsatz beim Walken, auf die psychische Stimmung, die Leistungsfähigkeit und das kreative Denken.

In dem Konzept des „kreativen Laufens“ der „integrativen Ausdauertherapie“, soll das „Lauferlebnis“ mit allen Sinnen erfasst werden, und durch die verschiedenen Imaginationstechniken, wie zum Beispiel *„sich vom Wind beim Laufen schieben zu lassen“*, entsteht eine „multiple Stimulierung“ von Körper und Geist. Auch „Burnout-Betroffene“, die mit der Lösung bei beruflichen Schwierigkeiten und deren Anforderungen im Denken blockiert sind, können durch die Methode des „kreativen Laufens“ und dessen Bewegungsaktivierung neue und produktive Lösungsansätze finden.

Wissenschaftliche Untersuchungen konnten herausfinden, dass eine positive Beziehung zwischen körperlicher Aktivität und der Konzentration von Neurotransmittern (Botenstoffen im Gehirn) besteht, wodurch sie durch Sport erhöht werden und dadurch depressive Symptome abgebaut werden können. Die Zunahme der Serotoninproduktion im limbischen System (Gefühlszentrum) bewirkt ebenso einen Dopaminanstieg, wodurch die Stimmung positiv beeinflusst wird. Auch das Gehirn wird besser durchblutet und verursacht dadurch mehr Klarheit und Konzentration im Denken.

Psychologisch erfreuliche Wirkfaktoren der integrativen Ausdauertherapie sind:

- ✓ **die Aufmerksamkeitsfokussierung der Gedankenmuster,**
- ✓ **die Verbesserung des Selbstbildes, der Selbstkompetenz und des Selbstvertrauens in die eigenen Fähigkeiten,**
- ✓ **das Erleben von Selbstwirksamkeit und positiver Selbstkontrolle,**
- ✓ **die kognitive Umstrukturierung negativer Überzeugungen und Einstellungsmuster,**
- ✓ **psychische Stabilität und Stressresistenz**
- ✓ **und die verbesserte Genussfähigkeit.**

Bewegungstherapeutische Angebote in der Gruppe stärken das „Wir-Gefühl" und verhindern Isolation. Sie ist außerdem ein wichtiges Übungsfeld, um eigene Gefühle wahrzunehmen, sie anderen mitzuteilen und zu lernen sich abzugrenzen.

Ebenso werden **positive Erfahrungen** mit dem bewegungstherapeutischen Ansatz auf das Wirken **auf den eigenen Körper** gemacht:

- ✓ **der Abbau muskulärer Verspannungen,**
- ✓ **tieferer und entspannterer Atemrhythmus,**
- ✓ **Schulung und Verbesserung der Körperhaltung und der –stabilität,**
- ✓ **Verbesserung der Kondition,**
- ✓ **Stärkung des Herz-Kreislauf-Systems,**
- ✓ **bessere Durchblutung und Sauerstoffversorgung des Herzens, des Gehirns und der Muskulatur,**
- ✓ **der Abbau der Stresshormone Adrenalin und Kortisol im Körper,**
- ✓ **sowie ein besserer und regenerativerer Schlaf.**

Für „Burnout-Betroffene" kann somit ein bewegungsorientierter Ansatz und dessen vorbeugende Integration in ihren stressigen Berufsalltag die Gesundheit erhalten und damit helfen die Entstehung eines „Burnout-Syndroms" zu verhindern!

6.5. Hilfestellungen zur Erreichung einer körperlichen bzw. energetischer Ausgewogenheit mittels „humanenergetischer Methoden“...

Die Vertreter der Berufsgruppe der „Humanenergetik“ gehen davon aus, dass jedes Lebewesen nicht nur aus etwas Körperlichem (materiellen Ebene) besteht, sondern ebenso aus einem feinstofflichen, energetischen Teil, der sämtliche Energien und Informationen enthält, die uns umgeben und durchdringen. Sie unterscheiden zwischen einer Informationsebene und der verdichtenden Informationsebene, die die Ebenen der Chakren (Energiewirbel), der Meridiane (Energieleitbahnen) und der Aura (Energiefeld) beinhalten, wo die Lebensenergie aller Lebewesen (Qi) fließt.

Das Leben ist ein ständiger *„Fluss an Energie“,* der fortwährend in *„Bewegung“* sein muss um den Kreislauf an Lebensenergie nicht zu unterbrechen. Ist dieser Energiefluss in unseren feinstofflichen Bahnen im Körper in Balance, sind wir ausgeglichen und in einem seelischen, psychischen und körperlichen Wohlgefühl. Stören jedoch Sorgen oder Probleme jeglicher Art diesen natürlichen Energiefluss in uns Menschen, können Blockaden und Stauungen in den „Energiezentren“ entstehen, was zu Unwohlsein bis zu psychischen und körperlichen Erkrankungen führen kann.

Menschen, die mit humanenergetischen Methoden arbeiten, versuchen diesen blockierten und gestockten Energiefluss wieder in ein Gleichgewicht zu bringen und geben dem Körper sanfte Impulse, damit seine Selbstheilungskräfte wieder aktiviert und angeregt werden.

6.5.1. ... mittels der Methode von Dr. Bach, Bachblüten

Der englische Arzt Dr. Edward Bach, von dem die Bachblüten ihren Namen zu verdanken haben, befasste sich in den 1930er Jahren intensiv mit der Pflanzenheilkunde, da er mit den Grenzen der schulmedizinischen Behandlung von Krankheit unzufrieden war, und versuchte deshalb in der Natur alternative und ergänzende Heilmittel zu finden. Er war fest davon überzeugt, dass die Ursache von jeglicher Krankheit etwas Seelisches ist, das schon lange bevor körperliche Symptome ausbrechen existiert. Dr. Bach ging von 38 „disharmonischen Seelenzuständen der menschlichen Natur" aus, die beim Individuum destruktive Denk-, Empfindungs- und Verhaltensmuster provozieren und demnach zu Erkrankungen führen.

Sein Ziel war, mit der Entdeckung von 38 Blütenessenzen in der Natur, die auf einer feinstofflichen, subtilen Ebene mit der Lebenskraft der Pflanze auf uns wirken, unsere innere und äußere Balance zu unterstützen und mit ihrer Hilfe, Disharmonien im ganzheitlichen System von Körper, Seele und Geist beim Menschen auszugleichen. Dadurch können unsere Gefühle und Emotionen in positiver Weise beeinflusst werden und es entwickelt sich Mut, Selbstvertrauen, Optimismus und die Stärke Entscheidungen im Leben zu treffen und den Dingen und ihrem Lauf wieder zu vertrauen.

Wichtig, um die Selbstheilungskräfte wieder zu unterstützen, ist es bei der ergänzenden Arbeit mit Bachblüten, bei der Behandlung auf die jeweilige Persönlichkeit, die momentane Befindlichkeit und die Sorgen des Menschen einzugehen beziehungsweise im anamnestischen Gespräch herauszufinden, wie sein/ihr ursprüngliches Potential angelegt war, bevor sich Probleme ergeben haben.

Auf dieser Grundlage werden anschließend die persönlich geeigneten Bachblütenessenzen für den/die Betroffenen/Betroffene mit ihm/ihr zusammen ausgewählt und für ihn/sie eine individuelle persönliche Mischung zusammengestellt. Bei längerer Einnahme der Bachblüten ist es auch wichtig den Verlauf zu kontrollieren, um herauszufinden, ob sich der seelische Zustand des/der Betroffenen verändert hat und man neue Blüten zur Mischung hinzuziehen oder bestehende wegnehmen sollte. Die Bachblüten sind eine gute alternative Unterstützung bei Problemen, da sie positive Veränderungen im Fühlen und Verhalten bewirken können, ohne dabei Nebenwirkungen zu erzeugen.

6.5.2. ... mittels Auswahl von Aromastoffen, ätherische Öle

Unter der Verwendung von ätherischen Ölen versteht man die Arbeit mit der „duftende Seele der Pflanzen", „dem Essentiellen", „der Lebenskraft", die die Magie besitzen, mit ihren Schwingung auf einer höheren, feinstofflicheren Ebene eine subtile und tiefgreifende Wirkung auf das menschliche psychische und körperliche Wohlbefinden zu erzielen. Das Wort „ätherisch" kommt aus dem Griechischen „aither" und bedeutet so viel wie „Himmelsluft", worunter man etwas Flüchtiges, nicht Fassbares verstehen kann.

Die Aromatherapie ist ein Teilbereich der Phytotherapie (Pflanzenheilkunde), die jedoch nicht mit der ganzen Pflanze oder deren Extrakt arbeitet, sondern mit diesen ganz bestimmten, hochwirksamen Pflanzensubstanzen, den ätherischen Ölen. Die vielfältigen wunderbaren Düfte der ätherischen Öle entstehen durch ihre winzigen Öltröpfchen, die in kleinen Drüsen an verschiedenen Stellen der Pflanzen gebildet werden.

Dabei können sich die Öldrüsen an unterschiedlichen Orten der Pflanze entwickeln, wie etwa in den Blüten, den Blättern, auf der Außenseite oder im Inneren der Wurzeln, im Holz oder im Harz eines Baumes sowie in den Früchten oder Samen der Pflanzen.

Durch verschiedenste Methoden, zum Beispiel durch Wasserdampfdestillation, der gebräuchlichsten Gewinnungsart, der Extraktion (Auszug), als ein sehr altes Verfahren bei sehr empfindlichen Blüten oder durch die Expression (Kaltpressung), die zum Beispiel bei den Zitrusölen angewandt wird, werden die ätherischen Öle hergestellt, die in der Aromatherapie verwendet werden.

Unser Geruchsinn ist der basalste und ursprünglichste Sinn der sich bei uns Menschen entwickelt und ist direkt mit unserem limbischen System, unserem Gefühlszentrum im Gehirn, verbunden. Wir werden sehr stark, ob bewusst oder ob wir sie gar nicht wahrnehmen, von Gerüchen beeinflusst und sie bestimmen und lenken unsere Gefühlswelt und unsere Emotionen.

Ätherische Öle haben aber nicht nur eine große tiefgehende Wirkung auf unsere Psyche, indem sie auf dem Weg der Inhalation, zum Beispiel in der Duftlampe, unsere Stimmungen und Befindlichkeiten positiv beeinflussen können, sondern haben ebenso einen wertvollen Einfluss auf unseren Körper und dessen physiologische Parameter, wie Blutdruck, Herzfrequenz, Hautwiderstand und Muskelspannung, durch Anwendungsmethoden über Massagen und Bäder.

Es gibt verschiedene Arten mit den ätherischen Ölen, zur Wiederherstellung eines körperlichen und energetischen Gleichgewichts, zu arbeiten, wie zum Beispiel deren Verwendung in der Duftlampe, um ein angenehmes Raumklima zu erzielen, ein paar Tropfen Lavendelöl auf das Kopfkissen zum besseren Einschlafen, verdünntes Pfefferminzöl auf den Puls am Handgelenk oder auf die Schläfen zur Konzentration bei der Arbeit oder bei Kopfschmerzen und Migräne, über die Massage in Körperölen, zum Beispiel eine Mischung aus Grapefruit, Zitrone und Orange für eine schöne straffe Haut, über Badezusätze, als Duschbad, Zitrone und Lemongrasöl als energetischer Raumspray zur positiven Stimmungsaufhellung oder über die Aufnahme über Gewürze und Kräuter in der Ernährung und es gibt noch viele weitere Anwendungsmöglichkeiten.

Wichtig ist bei der körperlichen Verwendung von ätherischen Ölen, in Form von Massagen, in selbst hergestellten Körperölen, dabei zu beachten, dass die meisten Öle, in einer „physiologischen Dosierung“ (Faustregel: 20 Tropfen ätherische Öle auf 100 ml fettes Trägeröl) gemischt werden sollen, da sie sonst zu Hautreizungen führen können!

Wie bei der Anwendung der Bachblütentherapie ist es wichtig auf die individuelle Persönlichkeit des Menschen und dessen persönlichen Leidensdruck bei Problemen einzugehen. Es gibt jedoch bestimmte ausgewählte Öle, die gut auf geistige und körperliche Erschöpfungszustände anwendbar sind, stimmungsaufhellend, entspannend und ausgleichend wirken und einige von diesen sollen im Folgenden als Vorschlag und Anregung, zur unterstützenden Behandlung eines „Burnout-Syndroms“ und somit zur Aktivierung der Selbstheilungskräfte, vorgestellt werden.

Ätherische Öle können zur Harmonisierung bei „Burnout-Syndrom“, bei den damit einhergehenden Befindlichkeitsstörungen, wie Schlafstörungen, Unruhezuständen, Ängsten, depressiven Verstimmungen und geistigen und körperlichen Erschöpfungszuständen, einen positiven und wirkungsvollen Einfluss haben und zur Wiederherstellung einer seelischen, psychischen und körperlichen Balance beitragen.

Beispiele an ausgewählten ätherischen Ölen zur unterstützenden und ergänzenden Behandlung bei einem „Burnout-Syndrom“ (Werner und von Braunschweig 2014, 99 ff. und Samel und Krämer 2013, 185 ff.):

Angelikawurzel

→ *„Ich bin voller Mut, Kraft und Ausdauer!“*

- wirkt beruhigt und stabilisiert bei Unruhe,
- ist stimmungsaufhellend bei depressiven Verstimmungen,
- erdet kopflastige Menschen und gibt Mut und Zuversicht,
- stärkt das Selbstvertrauen und hilft gegen Ängste,
- gegen Kopfschmerzen,
- gegen Magen-Darm-Beschwerden, ...

Eucalyptus citroiodora

→ *„Ich fühle mich ruhig, entspannt und frei von Schmerzen!“*

- wirkt belebend, erfrischend und geistig aktivierend,
- gut für die Konzentration und geistige Wachheit bei Stress,
- hilft bei Müdigkeit, Schlaflosigkeit und „Ausgelaugtsein“,
- hat eine schmerzlindernde und entzündungshemmende Wirkung,
- bei Muskel- und Gelenksschmerzen aller Art, ...

römische Kamille

→ *„Ich bin sanft gestimmt. Meine Gedanken und Gefühle sind mild und weich wie Samt auf der Haut!“*

- hat eine außergewöhnlich stark entspannende Wirkung, schlaffördernd,
- wirkt bei seelischem Schock beruhigend und stärkt das Nervensystem,
- wirkt antidepressiv und stimmungsaufhellend,
- stresslösend, gegen Nervosität und Unruhe,
- gegen Ängste, ...

- **Lavendel fein** (Lavendel vera, Lavendel extra)

→ *„Ich fühle mich innerlich klar. Meine Energien sind ausgeglichen!"*

- kann sowohl anregen, als auch entspannen,
- bei „Abgeschlagenheit" erfrischen, bei Stress beruhigen,
- hilft Extreme zu besänftigen und in ein Gleichgewicht zu kommen,
- gegen Ängste, beruhigend, hilft Spannungen abzubauen,
- wirkt gegen depressive Verstimmungen,
- fördert einen erholsamen Schlaf,
- gegen nervös bedingte Muskelspannungen,
- Krampfanfälle, Bauchkrämpfe, Kopfschmerzen,
- gegen erhöhten Blutdruck,
- bei Verletzungen zur Wundheilung, ...

- **Orange**

→ *„Mein Herz ist offen, weit und warm.*
Ich breite meine Arme aus und heiße das Leben willkommen!"

- wirkt belebend, entspannend
- wirkt stimmungsaufhellend bei depressiven Verstimmungen,
- hat eine immunstimulierende und entzündungshemmende Wirkung, ...

- **Pfefferminze**

→ *„Mein Kopf ist klar, mein Geist ist hellwach, und ich kann mich gut konzentrieren!"*

- gegen geistige und körperliche Erschöpfung und Antriebsschwäche,
- gegen Konzentrationsschwierigkeiten bei Überarbeitung,
- gegen Kopfschmerzen und Migräne, Nackenschmerzen,
- gegen Magen- und Darmkrämpfe, Übelkeit, verdauungsfördernd, ...

Vanille

→ *„Ich fühle mich auf wunderbare Art vom Leben in den Arm genommen!“*

- Gefühle von Geborgenheit, Wärme, Entspannung und Süße,
- seelisch stark aufhellend, stärkend auf das Selbstbewusstsein,
- wirkt leicht antidepressiv, modulierend auf die Serotoninausschüttung,
- beruhigend, angstlösend und schlaffördernd,
- ist schmerzstillend und entzündungshemmend,
- gegen Bauchkrämpfe und Bauchschmerzen, ...

Ylang Ylang

→ *„Ich fühle mich entspannt, weich, sinnlich und genieße das Leben!“*

- für Menschen, die unter starken Leistungszwang stehen, wirkt erdend
- erzeugt Gefühle von Geborgenheit und Wärme,
- löst Ängste,
- wirkt stimmungsaufhellend, vitalisierend, ausgleichend, erotisierend,
- fördert Intuition und Kreativität,
- fördert positive Eigenwahrnehmung und Gespür für den eigenen Körper,
- bei chronischen Schmerzen, ...

Zitrone

→ *„Ich fühle mich wach, erfrischt und konzentriert!“*

- Zitronenöl in Büroräumen wirkt positiv, steigernd auf die Arbeitsleistung,
- geistige Klarheit, Frische, Fröhlichkeit und gute Stimmung,
- aktiviert den Geist und fördert die Konzentration,
- stärkt ein geschwächtes Immunsystem,
- hilft bei Antriebsschwäche, ...

6.5.3. ... mittels Kräuterkunde nach der Säfte und Signaturlehre

Immer mehr Menschen in unserer Gesellschaft suchen bei seelischen und körperlichen Befindlichkeitsstörungen eine Alternative zur Schulmedizin und der Einnahme pharmazeutischer Mitteln. Sie möchten ihrem Körper weniger „Chemie“ zusetzen und vertrauen deshalb immer mehr auf die Natur und ihrer eigenen natürlichen Hausapotheke, den Heilpflanzen und Heilkräutern.

Schon seit jeher bedienten sich die Mediziner auf der ganzen Welt der heilenden Pflanzen und des wohltuend wirkenden Einflusses bei verschiedenen Krankheitsbildern und viele der heutigen Medikamente sind aus Pflanzen entstanden. Auch die wachsende Pharmaindustrie macht sich die Wirkung und Nutzung natürlicher organisch lebender Materie zu eigen und versucht leider oft mit chemischen Wirkstoffen die natürliche Wirkung nachzuahmen.

Bei vielen Pharmazeutika gibt es jedoch auch einige Neben- und Wechselwirkungen und ebenso sind die Langzeitwirkungen mancher Medikamente, zum Beispiel von Aspirin noch lange nicht ausreichend erforscht. Für diejenigen, die deshalb das Risiko an unerwünschten, manchmal gefährlichen Wirkungsweisen minimieren wollen, sind Heilpflanzen, wenn man sie richtig anwendet, eine gute und nebenwirkungsärmere Alternative zu herkömmlich schulmedizinischen Mitteln. Zur unterstützenden Behandlung bei den Symptomen eines „Burnouts“ können sie gute Dienste leisten und helfen den krankhaften Auswirkungen von chronischem Stress, Überforderung und Erschöpfungszuständen entgegenzuwirken.

Wichtig ist aber im Zusammenhang mit einem „Burnout-Syndrom“ zu erwähnen, dass die Erkrankung davor medizinisch und psychologisch abgeklärt werden muss, um beim Bestehen einer bereits schwereren Depression, wenn notwendig zusätzlich, auch abhängig von dem Schweregrad, mit Psychopharmaka zu behandeln. Bei ernsthaften Erkrankungen sollten deshalb Heilkräuter nicht ausschließlich, sondern als ergänzende Komplementärmedizin verwendet werden!

Im nachfolgenden werden einige Heilpflanzen vorgestellt, die gut bei einem „Burnout“ und zur Milderung dessen begleitete, belastende Symptomatik eingesetzt werden können (Drees und Stüllenberg 2013, 83 ff.):

Heilpflanzen zur Nervenstärkung, Stimmungsaufhellung und gutem Schlaf:

Johanniskraut (Hypericum perforatum):
- hat Eigenschaften, als natürliches Antidepressiva,
- hat die Kraft, dunkle und trübe Stimmungen aufzuhellen,
- wirkt positiv bei nervöser Erschöpfung und Nervosität,
- ist schlaffördernd und angstlösend,
- gegen Kopfschmerzen und Migräne,
- Gedächtnisschwäche,
- chronisches Müdigkeitssyndrom.

→ als Tabletten oder Kapseln, als getrocknetes Kraut zur Teezubereitung
→ Johanniskraut kann die Wirkung von hormonellen Verhütungsmitteln (z. B. Pille) herabsetzen!

Passionsblume (Passiflora caerulea):
- hilft gegen Melancholie und nervöser innerer Unruhe,
- gegen depressive Verstimmungen und Abgeschlagenheit, Erschöpfung
- als Schutz vor Reizüberflutung und Überforderung,
- hat eine beruhigende Wirkung, macht aber nicht müde,
- wirkt schlaffördernd und angstlösend,
- zur Behandlung von Nervenschmerzen, wirkt schmerzlindernd,
- bei hohem Blutdruck, Herz-Kreislaufbeschwerden,
- nervösen Magen-Darmbeschwerden.

→ als Dragees (mit hoch dosiertem Extrakt), als getrocknetes Kraut zur Teezubereitung
→ Verstärkung der beruhigenden Wirkung zusammen mit Baldrian, Hopfen oder Melisse!

Baldrian (Valeriana officinalis):

- befreit von Erschöpfungszuständen,
- hat eine beruhigende Wirkung, macht aber nicht müde,
- wirkt schlaffördernd und angstlösend (gegen Erwartungsangst, Grübeln),
- bei nervösen Spannungen, Übererregtheitszuständen (Hyperaktivität),
- stärkt das Durchhaltevermögen ohne dabei anregend zu wirken,
- gegen motorischer Unruhe,
- hat einen entkrampfenden Einfluss auf die Muskulatur, gegen Krämpfe,
- gegen Konzentrationsschwäche, Kopfschmerzen und Migräne,
- gegen stressbedingte Magen-Darm-Erkrankungen.

→ als Tabletten, Dragees, Tinktur, Saft, als getrocknete Wurzel für einen Tee oder Kaltauszug (mit kaltem Wasser übergießen und 12 Stunden ziehen lassen)

Melisse (Melissa officinalis):

- ist die „Erste-Hilfe-Pflanze“ bei jeder Art von Stress!,
- gegen Beklemmungsgefühle,
- wirkt beruhigend und entspannend,
- gegen Nervosität und innere Unruhe,
- ist stimmungsaufhellend bei Melancholie, belebend und erfrischend,
- gegen Abgespanntheit,
- gegen nervös bedingte Einschlafstörungen,
- bei nervösen Verdauungsbeschwerden und funktionellen Magen-Darm-Störungen,
- Kopfschmerzen,
- besitzt eine entkrampfende Wirkung.

→ als Tee, Kraut, Gewürz, Kapseln, als ätherisches Öl, Badezusatz

Hopfen (Humulus lupulus):

- wirkt beruhigend und entspannend,
- ist nervenschonend und nervenstärkend,
- wirkt schlaffördernd,
- gut bei nervöser Unruhe, Nervosität, nervöser Übererregtheit,
- ist schlaffördernd und angstlösend,
- wirkt stimmungsaufhellend bei leichten depressiven Verstimmungen,
- gegen nervöse Spannungskopfschmerzen, Magen-Darm-Krämpfe.

→ als Tee, Dragees, Tinktur, Tropfen, Kapseln

→ bei Schlafstörungen in Verbindung mit Baldrian und Passionsblume besonders wirksam!

- **Heilpflanzen bei nervös bedingten Magen und krampfartigen Schmerzen:**

Kamille (Matricaria chamomilla):
- wirkt beruhigend, schlaffördernd,
- ist krampflösend, schmerzstillend,
- ist entzündungshemmend.

→Tee, Dragees, Tinktur, Tropfen, Kapseln, als ätherisches Öl, Badezusatz

Pfefferminze (Mentha piperita):
- ist konzentrationsfördernd,
- wirkt krampflösend, schmerzstillend,
- ist verdauungsfördernd,
- nervenberuhigend,
- gegen Spannungskopfschmerzen, Migräne,
- gegen Bauchkrämpfe und Übelkeit,
- gegen Muskel- und Nervenschmerzen.

→ Tee, Kapseln, ätherisches Öl, Duschbad

Heilpflanzen als natürliches Nahrungsergänzungsmittel und als Tee:

Gerstengras (Hordeum vulgare):

- durch den hohen Gehalt an Vitaminen und Mineralstoffen fördert es die Entspannung, wirkt gegen Erschöpfung und verbessert den Schlaf,
- verbessert die Stimmung,
- liefert Kalzium, Eisen, Kalium, Magnesium, Natrium, Phosphor, Zink, Schwefel, Chlor, Selen, Mangan sowie Chrom, Molybdän und Silizium,
- B-Vitamine, Vitamin A, K, C, Folsäure, Pantothensäure,
- wichtige Enzyme (wirken als Katalysatoren des Stoffwechsels),
- wichtige Aminosäuren,
- sekundäre Pflanzenstoffe, wie Bioflavonoide, Chlorophyll,
- ungesättigte Fettsäuren, wie Omega 3 und Omega 6 Fettsäuren.

→ als Gerstengrassaft, Tabletten, Pulver

Taigawurzel (Eleutherococcus senticosus):

- baut Stresshormone ab,
- Stärkung der Vitalität und zur Erhöhung der Belastbarkeit,
- stimuliert das Immunsystem,
- macht leistungsfähiger,
- bei Müdigkeit und Erschöpfung,
- bei Konzentrationsstörungen.

→ als Tee, Kräuterkapseln, Pulver, Tropfen, Dragees, Tabletten

Rooibus, Rotbusch (Aspalathus linearis):

- ist entspannend und nervenberuhigend,
- wirkt stimmungsaufhellend,
- ist krampflösend,
- wirkt entgiftend, stärkt das Immunsystem,
- wichtig als Antioxidans zum Zellschutz vor freien Radikalen,

→ Tee, Kräuterkapseln

7. Zusammenfassung und Ausblick

Bei der intensiven Auseinandersetzung mit dem schleichenden und immer mehr zunehmenden gesellschaftsdynamischen Phänomen des „Burnout-Syndroms", in unserer von Leistung infizierten Arbeitswelt, wird deutlich, dass es sich dabei um ein sehr ernstes Thema handelt, das jeden von uns im Leben einmal betreffen kann.

Dem langsamen und oft unbemerkten „Ausbrennen" kann man nur durch einen achtsamen und selbstfürsorglichen Umgang mit seiner eigenen Person und dem Erfüllen der persönlichen Bedürfnisse entgegenwirken. Wichtig ist es deshalb in erster Linie dabei, diese persönlichen Bedürfnisse, überhaupt zu kennen, sie wahrzunehmen und seine Wünsche und Ziele im Leben danach auszurichten.

Als ein wertvoller Teil in einer schnelllebigen, sich ständig verändernden Welt in der man lebt, ist man sich selbst immer mehr verpflichtet, die eigenen gültigen Werte zu hinterfragen, und sie seiner persönlichen und individuellen Bedeutung von „Glück" gegenüberzustellen. Stimmen diese Überzeugungen und persönlichen Erwartungen ans Leben nicht mehr mit dem Gefühl „glücklich und zufrieden zu sein" überein, ist man gefordert, sie anzupassen, zu verändern oder sich neu zu orientieren.

Doch viele Menschen in unserer Gesellschaft haben verlernt ihre Gefühle, ihr Denken und ihr Handeln an dem zu orientieren was ihnen Kraft gibt und Freude bereitet und somit funktionieren sie nur mehr nach einem „perfektionistischen Programm", das darauf ausgerichtet ist, durch besondere Leistungen im Beruf und im Privatbereich, Akzeptanz, Anerkennung und Wertschätzung ihrer Mitmenschen zu erzielen.

Der Preis, den sie dafür zahlen müssen ist sehr hoch, nämlich die Entfremdung von ihren eigenen Bedürfnissen und ihrem Gespür nach Selbstwert, dem Gefühl sich selbst, so wie man ist, fühlt, denkt und handelt, wert zu sein. Ein besonderer Wert, der für sich selbst steht und keinen bestimmten Zweck erfüllen muss. Die Instrumentalisierung ihrer eigenen Person zu einer Maschine, die funktionsfähig sein muss, nicht kaputt gehen darf oder ständig von der Angst getrieben wird, ausgetauscht zu werden, wenn man die Leistung, was von einem verlangt und erwartet wird, nicht „abliefert", führt unweigerlich dazu, dass die Flamme plötzlich erlischt.

Ist der oder die Betroffene schlussendlich durch das bewusste oder unbemerkte Übersehen der alarmierenden krankhaften Vorzeichen auf den Weg in ein „Burnout-Syndrom" nun doch darin gelandet, gibt es nur ein Mittel, das dabei helfen kann, damit man wieder gesund wird, nämlich die „Geduld"! Es dauert eine Zeit bis sich die Seele, die Psyche und der Körper wieder von den permanenten Anforderungen an sie zu funktionieren erholt haben und neue Energie mobilisieren können. Leider kommt die ursprüngliche Lebensenergie, die man vor dem Zustand des „Ausgebrannt seins" gehabt hatte, nicht mehr ganz zurück.

Der begangene „Raubbau" an sich selbst hat natürlich Spuren hinterlassen, aber entscheidend und ein wesentlicher Faktor für die Gesundung ist es, wie man mit diesen negativen Auswirkungen umgeht, die das „Burnout-Syndrom" mit sich gebracht hat. Manchmal kann es auch wichtig gewesen sein, diese Erfahrung gemacht zu haben, da man die Krise im Leben, auch als Chance sehen kann, bestehende Lebensverhältnisse in Beruf und privat einmal genauer anzuschauen und sie so zu verändern, wie man sich es vielleicht wirklich vorstellt und wünscht.

Sich sein Leben mit neuen und bunten Farben auszumalen, sich neue positive berufliche und private Herausforderungen zu suchen, seine Ziele neu zu definieren, Ausschau zu halten nach schönen Dingen und wertvollen Erfahrungen, sein Herz und seinen Geist zu öffnen für bedeutungsvolle Begegnungen mit besonderen Menschen, sich in dem Fluss des Lebens ein Stück weit treiben zu lassen und für eine neue besondere „Sache" wieder brennen zu wollen, das können Chancen und Möglichkeiten sein, auf dem Weg zu sich selbst, seinen Wünschen und Träumen und diese können schlussendlich dazu führen, dass die „Zündschnur wieder zu brennen beginnt"!

8. LITERATURVERZEICHNIS

Bücher und Lexikons:

DE GRUYTER (2012). *Pschyrembel Klinisches Wörterbuch 2013.* (264., überarbeitete Auflage). Berlin/ Boston: Walter de Gruyter GmbH.

DREES, A. und STÜLLENBERG, R. (2013). *Burnout* – naturheilkundlich behandeln. (1. Auflage). München: GRÄFE UND UNZER VERLAG GmbH.

GUTZMANN, G. (2014). *Das Große Lexikon der Heilsteine, Düfte und Kräuter.* (24. Komplett überarbeitete Neuauflage). Neu Ulm: Methusalem Verlag UG

HAINBUCH, F. (2010). *Progressive Muskelentspannung.* (5. Auflage). München: GRÄFE UND UNZER VERLAG GmbH.

HAYFIELD, R., HAWKEY, S. und MORNINGSTAR, S. (2009). *Kräuterheilmittel.* Königswinter: Lempertz GmbH.

ROST, R. (2001). *Lehrbuch der Sportmedizin.* Köln: Deutscher Ärzte-Verlag GmbH.

SAMEL, G. und KRÄHMER, B. (2013). *Heilende Energie der ätherischen Öle.* Die 100 wirksamsten Aromaöle für Körper und Seele. München: Irisiana Verlag.

SCHEFFER, M. (2013). *Die Original Bach-Blüten Therapie.* Das gesamte theoretische und praktische Bach-Blütenwissen. München: Irisiana Verlag.

STUMM, G. und WIRTH, B. (1991). *Psychotherapie Schulen und Methoden* Eine Orientierungshilfe für Theorie und Praxis. Wien: Falter Verlag.

WAIBEL, M. J. und JAKOB-KRIEGER, C. (2009). *Integrative Bewegungstherapie* – Störungsspezifische und ressourcenorientierte Praxis. Stuttgart: Schattauer GmbH.

WERNER, M. und VON BRAUNSCHWEIG, R. (2014). *Praxis Aromatherapie.* Grundlagen – Steckbriefe – Indikationen (4., überarbeitete Auflage). Stuttgart: Haug Verlag.

ZIMBARDO, P. G. und GERRIG, R. J. (1996). *Psychologie.* (7., neu übersetzte und bearbeitete Auflage). Springer.

Fachliteratur/Fachartikel:

BUNDESMINISTERIUM FÜR FAMILIE UND JUGEND, Abt. Kinder- und Jugendhilfe (2015). *Wussten Sie, dass... Hochsensible Kinder.*
In: ElternTipps – Volksschulalter – Sechs bis zehn Jahre. (15): 11.

GLOMP, I. (2015). *Schöner Stress.*
In: *Psychologie Heute* 42 (Heft 8): 19-25.

GROSS, R. (2015). *Wir sind keine Arbeitssklaven.* Überforderung, Burnout, Beschleunigung – zunehmend fühlen sich Berufstätige den Bedingungen am Arbeitsplatz ausgeliefert. Doch es gibt Strategien gegen die Hilflosigkeit.
In: *Psychologie Heute* 42 (Heft 7): 44-48.

KORNELI, C. (2012). *Burnout* – allgemein bekannt – kaum (an)erkannt.
In: *innenwelt* - Das Magazin für seelische Gesundheit und Lebensqualität (12): 10.

KORNELI, C. (2012). *„Der schlimmste Antreiber war ich selbst.“.*
In: *innenwelt* - Das Magazin für seelische Gesundheit und Lebensqualität (12): 11.

LEHOFER, M. (2011). *Burn-out* – Wenn Idealismus krank macht.
In: *Innenwelt spezial* (11): *32 – 33.*

SCHINDLER, M. (2015). *„Ich habe früh gelernt, für andere da zu sein“.*
In: *Psychologie Heute* 42 (Heft 1): 16-17.

Internetquellen:

APA-OTS. *Neuer Verein "BURN AUT - Österreichische Gesellschaft für Arbeitsqualität und Burnout" stellt sich vor.* Burnout ist keine "Modeerkrankung"! Wien.
Auf:
http://www.ots.at/presseaussendung/OTS_20120125_OTS0141/neuer-verein-burn-aut-oesterreichische-gesellschaft-fuer-arbeitsqualitaet-und-burnout-stellt-sich-vor-bild

BOREOUT. (2015, 26.07.). *Der Boreout ist paradox.*
Auf:
http://www.boreout.com

DGPPN – Deutsche Gesellschaft für Psychiatrie und Psychotherapie, Psychosomatik und Nervenheilkunde. *DGPPN: Versachlichung der Burnout-Debatte gefordert.* Göttingen.
Auf:
http://www.dgppn.de/schwerpunkte/aktuelles-schwerpunkte/detailansicht/browse/2/article/1000/dgppn-versa.html

HILFE BEI BURNOUT. (2015, 12.07.). *Burnout-Erklärungsansatz nach Freudenberger.*
Auf:
http://www.hilfe-bei-burnout.de/allgemeines/erklaerungsansaetze/persoenlichkeitszentriert/burnout-erklaerungsansatz-nach-freudenberger/

HUMANENERGETIK. (2015, 01.08.). *Drei Ebenen im Fokus der Arbeits- und Wirkungsbereich der HumanenergetikerInnen.*
Auf:
http://www.humanenergetiker.co.at/

NEUROLOGEN und PSYCHIATER IM NETZ – Das Informationsportal zur psychischen Gesundheit und Nervenerkrankungen. (2015, 07.06.). *Burnout-Syndrom.* München: Monks Ärzte im Netz GmbH
Auf:
http://www.neurologen-und-psychiater-im-netz.org/psychiatrie-psychosomatik-psychotherapie/erkrankungen/burnout-syndrom/geschichte-und-abgrenzung/

WIKIPEDIA. Die freie Enzyklopädie. (2015, 07.06.). *Burnout-Syndrom.*
Auf:
http://de.wikipedia.org/wiki/Burnout-Syndrom

WIKIPEDIA. Die freie Enzyklopädie. (2015, 26.07.). *Boreout-Syndrom.* Auf: https://de.wikipedia.org/wiki/Boreout-Syndrom

WKO Wirtschaftskammer Österreich Die persönlichen Dienstleister. (2015, 01.08.). *Infomappe Energetiker – Wirtschaftskammer Österreich* Auf: https://www.**wko**.at/Content.../**Info**mappe-**Energetiker**

Printed by Books on Demand GmbH, Norderstedt / Germany